课堂教学新样态丛书

丛书主编　杨四耕

# 课堂，与美最近的距离

## 基于学科核心素养的课堂教学变革

牛秀娟◎主编

华东师范大学出版社
·上海·

**图书在版编目(CIP)数据**

课堂，与美最近的距离：基于学科核心素养的课堂教学变革/牛秀娟主编. —上海：华东师范大学出版社，2018
(课堂教学新样态丛书)
ISBN 978-7-5675-7486-1

Ⅰ.①课…　Ⅱ.①牛…　Ⅲ.①课堂教学—教学改革—小学　Ⅳ.①G622.421

中国版本图书馆CIP数据核字(2018)第029969号

课堂教学新样态丛书

**课堂，与美最近的距离**

基于学科核心素养的课堂教学变革

丛书主编　杨四耕
主　　编　牛秀娟
责任编辑　刘　佳
特约审读　王　睿
责任校对　罗　丹
装帧设计　卢晓红　刘怡霖

出版发行　华东师范大学出版社
社　　址　上海市中山北路3663号　邮编200062
网　　址　www.ecnupress.com.cn
电　　话　021-60821666　行政传真021-62572105
客服电话　021-62865537　门市(邮购)电话021-62869887
地　　址　上海市中山北路3663号华东师范大学校内先锋路口
网　　店　http://hdsdcbs.tmall.com

印 刷 者　上海盛通时代印刷有限公司
开　　本　787×1092　16开
印　　张　11
字　　数　147千字
版　　次　2018年4月第1版
印　　次　2022年4月第5次
书　　号　ISBN 978-7-5675-7486-1/G·10952
定　　价　38.00元

出 版 人　王　焰

# 本书编委会


**主　编：** 牛秀娟

**副主编：** 栾喜峰

**编　委：**（按姓氏笔画）

王　宇　王翠珍　任　勇　刘吉祥　江泽明
李爱凤　赵同爱　徐欣蓉　徐春娜　栾瑞娟

**编　者：**（按姓氏笔画）

王　荔　王　岩　牛向琳　毛吉升　仇　朋
吕　蓓　任　帅　刘　提　刘少杰　刘丹青
刘红萍　刘晓慧　刘丽丽　江建红　江凌云
孙　谦　孙蓓蓓　纪　荷　纪慧慧　李　岩
李　娜　李　越　李　筱　肖梦晗　陈　伟
陈　娟　杨言红　周程程　赵　霞　段孝群
袁　洵　袁　超　袁永雯　徐林庭　栾　青
郭君红　黄显超　阎海英　韩　乐　韩同云
甄　娜　董佳昕　雷　刚　蔺　艳

# 被重新定义的课堂

苏联教育家赞科夫在《教学与发展》一书中指出：课堂教学必须“使班上所有的学生都得到一般发展”。也就是说，课堂教学要引导学生在认知、情感、技能等方面发生整体改变，在思维方式、情感体验、思想境界、为人处世等维度发生实质性变化；课堂教学应释放出生命感、意义感、眷注感、智慧感、美妙感、意境感、期待感……

长久以来，我们的课堂特别重视知识传承，以致许多学生能从容应对考试，却在生活中显得无能。有一位德国专家说：“你们的教科书比我们的教科书厚，你们的题目比我们的题目难，但是你们得买我们的货。”这句话给我们的教育敲响了警钟，值得每一个人思考：请给知识注入生命，用经验激活知识，用智慧建构知识，用情感丰富知识，用心灵感悟知识，用想象拓展知识，让知识变得鲜活，让孩子们领悟到生命的伟岸！课堂教学是思想与思想的碰撞，是心灵与心灵的相遇，是生命与生命的对话，让我们用热情去拥抱课堂——课堂是眷注生命的地方。

我们必须清醒：如果把揭示人生的意义看作是认识论的任务，我们就永远不可能把这个意义揭示出来，因为，知识的增长并不一定使生活变得完美。当认识、知识成了第一性的东西，情感和意志便成了奴仆。这样，一个人受的教育越多，他们的思想就越会被包裹在一层坚实的知识硬壳之中。其实，臻达人性完美需要“另一种”教学，这种教学与理解融合，教学本身即理解，理解本身即教学。教学是生命意义的澄明，使人不断地自我超越，“不停地‘进入生活’，不停地变成一个人”。说白了，课堂里蕴涵着“人是什么”的答案。因此，在一般意义上，教学即对理解的自觉追求；在终极意义上，教学即理解。它们共同揭示了一个深刻的道理：课堂是善解人意的地方。

俄国教育学家乌申斯基曾经说过："教育的主要目的在于使学生获得幸福，不能为任何不相干的利益而牺牲这种幸福。"诺丁斯也提过："一种好的教育就应该极大地促进个人和集体的幸福。"课堂教学是师生双边活动，没有教师幸福地教，也就没有学生幸福地学。当老师和学生积极参与到课堂教学之中，让生命释放意义感，他们就能在丰富多彩的教学活动中成长，获得生命意义上的幸福感。幸福是人类的永恒情结，课堂教学不仅应给人高品位的精神生活，而且应给人高品位的幸福体验。从一定意义上说，课堂是守望幸福的地方。人的一生能否过得幸福，很大程度上取决于他今天在课堂生活中能否获得幸福。这或许就是课堂教学的深刻意义所在。

我们的课堂善用纪律规范行为，用训练规约思想，却漠视人的情感与独特感受，课堂因此没有了盎然的生气。课堂理应是春暖花开的地方，宁静，安全，温馨，轻松。在这里，有家的感觉，不用担心"万一说错了怎么办"，孩子们敢于说"我有不同的想法""老师，你讲错了"；在这里，孩子们不怕"露怯"，不怕"幼稚"，能道出困惑，能露出观点，能形成质疑；在这里，有诗情画意，有奇思妙想，有思维碰撞，有情景，有灵气，课堂因此有了一种奇妙的意境感。

课堂也是为放飞梦想而存在的。孩子们充满想象，面对这个世界，他们无拘无束，内心有太多美好的期待。他们渴望走向社会，走进自然。课堂是广袤的天地，上下五千年，纵横数万里，任你穿越。课堂中心、书本中心、教师中心，多么不堪一击！课堂教学要回归曾经远离了的生活世界，穿越时间隧道，把过去、现在、未来浓缩在一起，跨越空间的界碑，让孩子们享受人类文明的成果。由此，课堂是凝视梦想的地方，这里有未来，有远方，有充满张力的诗……

怀特海说："教育只有一个主题，那就是五彩缤纷的生活。但我们没有向学生展现生活这个独特的统一体，而是教他们代数、几何、科学、历史，却毫无结果；……以上这些能说代表了生活吗？"怀特海的观点是令人深思的：知识并不代表生活，生活需要智慧。很多时候，课堂与知识无关；课堂是一种态度、一种生活。有什么样的态度，就有什么样的生活。课堂教学的核心意义在于传递生活态度，让孩子们彻底明白：生命的厚度在于拥有静谧的时光，让心灵溢满宁静与幸福。这样，课堂教学有效性就能提高，课堂就不再是每一分钟都压得学生“喘不过气来”。无论如何，我们应该懂得，课堂是一个酝酿牵挂的地方。

派纳在《健全、疯狂与学校》一文的结语中说：“我们毕业了，拿到了证书却没有清醒的头脑，知识渊博却只拥有人类可能性的碎片。”这多么令人深思啊！当人的需要、价值、情感被淹没在单纯的知识目标之中，生命感在这里便荡然无存。将课堂教学视为纯粹的认识活动，片面发展人的认识能力，看不到人的整体“形象”，特别是作为“在场的人”的“整体形象”被抽象；放眼世界，人之精神远遁，迷失于庞大的“静止结构”，这便是“教学认识论”的“悲剧范畴”。其实，课堂是一个意义时空，教学即谈心，学习即交心。当我们真正把学生看作活生生的人，就会发现：原来，课堂是点亮心灵的地方。

课堂教学是富含智慧和艺术的活动。只有把教师的主导性和学生的主动性都激发出来，才能算作真正的课堂教学。说白了，课堂是智慧碰撞的地方。课堂教学要善于抓住转瞬即逝的思维亮点，促成智性的提升和灵性的妙悟。如何围绕教学目标，理清教学思路，选用教学方法，驾驭教学机制，促进孩子们智性跃迁与灵性发展？如果我们只是单纯地传授知识，教师拼命讲，学生认真听、被动地接受，长此以往，学生的大脑便会“格式化”，发展便得不到真正的保障，他们只能在大脑中形成直线型知识反馈通路，无法呈现富有生命情愫的、饱满的人的形象！

对于课堂，我们可以有无穷的定义。一位哲人曾经说过：“一种文化首先意味着一种眼光”，“眼光不同，对所有事情的理解就不同”。当课堂被重新定义的时候，当我们真切地回归课堂教学人文立场的时候，检视课堂教学的“眼光”便有了新的角度，课堂教学便有了新的样态。

杨四耕

2022 年 3 月 8 日于上海市教育科学研究院

# 目录



语者，言也；文者，美也，善也。我们凸显语文课堂教学情趣、诗意、灵动、饱满之特点，采取多元教学之手段，丰富语文内涵，关注生活细节，给予孩子们美的熏陶，让孩子们于诵读经典中感受美，品味文字中体会美，想象意境中领悟美，引领升华中创造美。



我们重新审视课堂教学，将“趣味数学”寓于课堂教学细节之中，力求在课堂中体现“趣味、对话、深度、高效”之特点。我们尝试构建“趣味数学”课程体系，开设“扑克牌

## 第五章　快乐体育 / 091

体育的核心在于让生命旺盛，让精神高贵，让智慧卓越，让情感丰满，教师以“锻炼健康强壮之体魄，学会终身体育之技能，培育坚毅奋进之精神”为教学目标，以终身体育和健康生活为教学主线，以体育活动为教学载体，使学生形成健康而充满活力的生活方式以及积极进取的人生态度。



## 第六章　创意美术 / 113

儿童艺术教育的本质就是创造与想象，它以审美感知为出发点，以情感为动力，使孩子们心灵在美的节奏中律动。“自由、玩美、童趣、表现”是“创意美术”的标准，我们努力为儿童营造和谐的学习环境，激发儿童创造性思维，培养创造性人格。

## 

很多时候，我们会认为，探究是科学家的事情，小孩子只是在玩玩。可是，我们知道，人类经过成百上千万年的进化获得了的想象力已经潜藏在人类基因之中。这种基因表现在儿童身上，就是好奇、好问、好探索，精力充沛、不知疲倦地探索着周围世界。也许，科学教育最重要的作用就在于保持儿童对大千世界的好奇和敬畏。



## 

# 序

## 让“核心素养”落地生根

《中国中小学教育学习现状调查报告》调查发现,“单一以成绩为考评标准”是中小学教育中普遍担忧的问题。由于这种单一的评价机制引发了基础教育的失衡,这种失衡普遍导致各学科之间的着力不均和狭隘的学科知识本位。

在这种评价机制下,评价老师的最高标准便是成绩。教出好成绩便是好老师。这往往会让老师忽视对学生的德育和美育。同样,衡量学生的最高标准仍是成绩。分数成为学生的学习目标,因为重智轻德,学生的社会责任感、创新精神和实践能力较为薄弱。新一代家长更注重核心素养的培养,特色的个性化教育解决方案是家长的首选。

城阳区实验小学面向未来、面向社会、面向学生的发展,将蕴涵前瞻性的教育理念和“尚美”教育特色相结合,大力推进教育教学改革,积极构建“多元至美”课程体系,创建了“自然、饱满、丰富、灵动、诗意、有趣”的“臻美课堂”教学范式,并取得了突出的成绩,学校先后荣获“全国新课程教育改革实验学校”、“全国语文教改示范学校”、“全国外语教学示范学校”、“全国青少年校园足球特色学校”、“全国中小学舞蹈教育传统校”、“全国创新教育先进学校”、“山东省教学示范学校”、“山东省艺术教育示范学校”等百余项市级以上荣誉称号,在第37届世界头脑奥林匹克竞赛中学校OM团队斩获世界冠军,获得历史性的突破。学校为每个孩子的成才搭建平台,使学生自信活泼、个性张扬、综合素质增强。学校为国家的未来源源不断地推送栋梁之才,让核心素养落地生根。

得之心,寓之行。城阳区实验小学全体师生集思广益,分析了学校现行课程设置中的问题与不足,并经过反复的一线教学实践,以学生的兴趣和需要为出发点,大力推进学科建设,提出了“醇美语文”、“趣味数学”、“享受英语”、“缤纷音乐”、“快乐体育”、“创意美术”、“多彩科学”的学科建设目标,积极构建了“1 + X”的学科课程群。让课程成为孩子们生命成长的载体,具有可行性和实践性。

第一，学校按照孩子的成长和人心的自然发展而进行教育。按照儿童心灵的自然和特点，教师通过恰当合理的教育方式，促使孩子的身心得到自由而健康的发展；

第二，学校课堂融合社会生活、学校生活、家庭生活，关注学生的全面发展，培育具有能够适应终身发展和社会发展需要的必备品格和关键能力的学生；

第三，打造丰富多彩的课堂，丰富课堂教学内容，教师要能够结合实际发挥自己的智慧，采取灵活轻松的措施，通过多种途径开发和利用课程资源，让自己的课堂生动、丰富起来；

第四，鼓励学生的主动探究。基础教育课程改革倡导“自主、合作、探究”的学习方式，让学生自己建构、关注知识的生成过程。学生探究，教师的主要任务就是为学生的探究创设教学情境；

第五，学校教学不仅是塑造心灵的艺术，而且具有强烈的人文性和情感性，教师要带领学生到大自然中去，到生活中去，陶冶他们的性情，净化他们的心灵，丰富他们的情感，引导学生观察生活、体验生活、感受生活，从而发现生活之美，生活之乐，生活之味；

第六，教师充分考虑儿童的实际情况，优化教学设计，合理利用信息化教学手段与教学资源，采用不同的教学组织形式，选择适当的教学方法，提升自身的教学语言魅力，让课堂充满活力，真正让学生“动”起来，享受到学习乐趣，从而变“要我学”为“我要学”。

总而言之，城阳区实验小学的教师们在牛秀娟校长的带领下，脚踏实地，锐意进取，让孩子们“在这里，与美相遇”，让课程“从这里，扬帆起航”，为新课程的深入实施谱写了辉煌的新篇章。

魏书生

二〇一七年十月二十日

# 前言

## 在这里，与美相遇

青岛市城阳区实验小学是一所省级规范化学校。学校以“相伴美好童年，共绘美丽人生”为办学理念，着力打造“尚美教育”特色品牌，深入实施素质教育，扎实推进教学改革，全面提升教育质量，引导孩子在“世界因我更美好”的校训浸润中，健康快乐地成长。

近些年来，学校将课程作为学校文化内涵发展的重要组成部分，提出了“在这里，与美相遇”的课程理念，构建“多元至美”课程体系，打造足球教育、艺术教育、科技教育、英语教育办学特色，让师生享受“美”、创造“美”，使学生的综合素养得到全面发展。

在“多元至美”课程体系之下，学校创建了“自然、饱满、丰富、灵动、诗意、有趣”的“臻美课堂”教学范式。臻，《说文》解为“至”也，另有“及、达到；聚集、重复”之意，也有“众、盛、满；周到、周全、完备”之辞。臻美，指达到更好的地步，趋于完善之意。学校致力于打造“臻美课堂”，希望我们的课堂能够充满美，让美在学校里、在课堂上聚集，让孩子们“在这里，与美相遇”，最终实现“至美”发展。

伟大的艺术家罗丹说过：“美是到处都有的，对于我们的眼睛，不是缺少美，而是缺少发现。”我们通过发现美的眼睛，积极构建“臻美课堂”，引领师生去发现美、创造美。让各种课程化成美的风景，让风景中的人，不管是老师，还是孩子，都浸润在这美的课堂中，使学生把学习变成一种天然的向往与喜爱。让教与学充满情趣，富有成效。

课程是孩子们走向美好人生的旅程。为此，学校大力推进学科建设，提出了“醇美语文”、“趣味数学”、“享受英语”、“缤纷音乐”、“快乐体育”、“创意美术”、“多彩科学”的学科建设目标，积极构建了“1 + X”的学科课程群，让“臻美课堂”实现对美的追求，张扬其自然、饱满、丰富、灵动、诗意、有趣的特点。

## 一、自然,让儿童站在最中央

万物生长,自然而然。自然,不矫揉造作,没有纷繁复杂;自然,行云流水,没有热闹喧哗。卢梭在《爱弥儿》中将教育的来源界定为三个方面:“这种教育,我们或是受之于自然,或是受之于人,或是受之于物。我们的才能和器官的内在发展,是自然的教育;别人教我们如何利用这种发展,是人的教育;我们对影响我们的事情获得良好的经验,是事物的教育。”在这三种教育中,只有人的教育才是我们能够真正加以控制的。因此,必须使人的教育与物的教育配合自然的教育,以自然教育为主,使人的教育和物的教育同时趋于自然的目标,围绕它转。因此,课堂教学要按照孩子的成长和心灵的自然发展进行教育。按照儿童心灵的自然发展和特点,通过恰当合理的教育方式,促使孩子的身心得到自由而健康的发展。

第一,课堂教学要有“儿童立场”。“儿童立场”就是基于教育本身以儿童为本组织教学,紧贴儿童心灵,充分考虑儿童的身心发展规律、经验、情感,有效地提高学生的综合素质。教学中,要尊重学生学习、认知规律,勿以成人的眼光要求儿童,并且尊重学生的“原创思维”,珍视课堂上生成的宝贵资源。

第二,让学生在真实的情境中体验生活。让课堂教学回归活生生的世界,教师应该给学生更多体验的机会,让学生在真实的情景中体验并了解生活。德国教育家福禄贝尔曾说:“教育的目的是唤醒人类内在的精神本质和力量。”好奇好问、好动好玩、好胜好表现是儿童的天性。健康的游戏、自由的玩要,是孩子们成长过程中必不可少的重要因素。在我们的“臻美课堂”上,一些贴近生活的小实验、小制作,都大胆地让孩子们做,这个过程中孩子们不仅有动手,同时还有大脑的飞速运转,时不时还会萌生一些问题,创造的种子可能就此悄然萌发。教学遵循孩子爱问、爱动手的天性,知识和生活自然而然地融为一体。

第三,学生在不刻意的教学氛围中习得知识、自然生长。课堂上,经常有老师鼓励学生:“没关系,大胆说出你的真实想法。”老师营造了一个不刻意的氛围,学生学的也就真了,真与真的碰撞,碰撞出孩子智慧的火花。在这种氛围内,孩子便有了自己的思考和感悟。有冲突、有疑惑、有思考，这是“自然”课堂的收获。

第四，回归教师的教学本真。教态自然、语言自然、笑容自然，老师教得自然，学生学得也就自然了。“磨课太多，使课堂失去了原始的样子”，这是一种现状，太过于关注课堂是否达到了预想的效果，多少会有一些表演的成分。而在我们的课堂中，教学似乎是一种交流和心灵的对话。在全课程的课堂上，绘本、儿歌、老师会融入到孩子的世界，和孩子一起创编、一起表演，老师的自然状态，让学生在自由的原野上自由快乐地成长。

第五，回归“纯粹的课堂”。课堂教学是一个动态的不断发展推进的过程。尊重学生主体，要珍视学生的课堂生成，这是一种宝贵的资源。例如在语文课堂上，有的学生读课文总是会添字漏字，有经验的教师便会通过这个小契机把添字漏字后的课文和原文比较，体会其异同点，同时也让学生体会到用词、用字的严谨。这样的课堂不刻意，老师抓住课堂中的契机，充分发挥自己的智慧，为课堂生成制造空间，让课堂生成为一种教学资源。我们要凭借教学资源的自然特征，让学生学习的知识在课堂教学中自然收获。

“自然而美好的课堂氛围”，师生关系是一个非常重要的因素。苏霍姆林斯基曾说：“情感如同肥沃的土壤，知识的种子就播种在这个土壤上。”教师在教学的整个过程中要充分地尊重学生的个人感情。“蹲下来”，把自己当成孩子，低年级的老师是这样和小孩子相处的。“臻美课堂”上，台下是高举的小手，台上是老师会心的笑容。

## 二、饱满，让儿童多元发展

教育本质就是促进人的个性全面发展，使人成为真正的人。不仅使受教育者掌握现实生活中所需要的知识和技能，更使受教育者获得人格的完善发展，奠定乐观积极地挑战生命历程的思想基础。教育是使人成为人的过程，是鲜活生命的成长历程，受教育者作为这一过程的主体，理应受到关注和敬畏。个性化教育的真正意义恰在于教育核心价值的回归与学生个性的解放。教育要培育青少年学生健康的人格、美好的心灵，让学生拥有终身学习和成长所需的知识和能力。我们的课堂要融合社会生活、学校生活、家庭生活，关注学生的全面发展，使学生饱满充盈。

课堂教学要实现多维目标，即达成知识与技能，过程与方法，情感、态度与价值观的目标。知识与技能，既是课堂教学的出发点，又是课堂教学的归宿。教与学，都是通过知识与技能来体现的。知识与技能是传统教学合理的内核，是我们应该从传统教学中继承的东西。过程与方法，既是课堂教学的目标之一，又是课堂教学的操作系统。情感、态度与价值观，既是课堂教学的目标之一，又是课堂教学的动力系统。《全日制义务教育语文课程标准》倡导学与教的情感体验、态度形成、价值观的体现，是在知识与技能、过程与方法目标基础上对教学目标深层次的开拓。

第一，力争达到多维目标的科学。教学目标对教学活动来说，既是起点，又是归宿，它不但规定了教学活动的核心内容，影响着教学活动的走向、过程，同时也是教学活动效果的检测依据。教学目标的设计是否科学，直接关系课堂教学是否有效。设计教学目标时，教师对目标的描述要有科学依据，要有过程性的特点，要便于课堂教学的实际操作，这些是教学目标设计的关键所在。

第二，努力实现多维目标的整合。知识与技能是教学目标的核心，它通过过程与方法，情感、态度与价值观目标的实现过程而最终实现；过程与方法是教学目标的组成部分和课堂教学的操作系统，它渗透在知识与技能目标的实现中而实现；情感、态度与价值观是教学目标的组成部分，组成了课堂教学的动力系统，它伴随知识与技能、过程与方法目标的实现而实现。多维目标紧密联系在一起，只能作为一个整体来达成，不能分割。

## 三、丰富，让儿童感受精彩

丰富，语出汉贾谊《新书·大政下》："政治，然后民劝之；民劝之，然后国丰富也"。现代汉语中的丰富是指资源丰富，或者感情丰富。丰富多彩的课堂，是指教学活动多样，教材剖析完善教学资源多元的课堂。丰富课堂教学内容，教师要能够结合实际发挥自己的智慧，采取灵活轻松的措施，通过多种途径开发和利用课程资源，让自己的课堂生动、丰富起来。这一直是我校"臻美课堂"坚持不懈的追求方向，为了实现这一目

标,我校一直坚持如下探究:

第一,引进活动,动静结合,教学活动多种多样。我们的教学内容体现了一定的开放性。“开放”即取消了封闭,形成课堂内外、学校内外学习的有机结合。新版教材具有更广泛的适用性,为教师选择和利用教材提供了想象空间。因此,我们努力寻求切合本校、本班学生实际的主题内容,做到以学生的发展为本,引进活动,动静结合,让教学活动多种多样。

第二,贴近生活,学用结合,教材剖析日趋完善。课程目标主要通过教师指导下的各种教学活动来实现。教材中所设计的各种活动情境主要是通过图片展开的,但我们教师不能把它们当成看图说话,而是要激活学生原有的生活经验,学用结合,让学生在日常生活和遇事应变中自我感知、自我应用、自我理解、自我体会,所以,要在教材的基础上,我们会再现学生的真实生活情境,给学生创造生活的氛围,让教材活起来。

第三,利用社区、校外资源、教学资源多元吸收。我校教师充分利用学校周围社区资源以及学生家庭社区资源,调动学生熟悉的方方面面来丰富课程。学校周围社区资源是学生们最为熟悉的,许多课堂活动都以学校周围资源为依托,调动社区力量,能帮助学生加深对知识的理解与领悟。另外,积极发动家长,带动学生家庭社区资源,以社区丰富多彩的活动为范本,相互借鉴,共享丰富的社区资源和活动。在当前信息技术高速发展的大环境下,校外资源已经和校内资源密不可分。我校教师大胆突破,积极引进校外资源丰富课堂。家长课堂,名人课堂,网络资源课堂接踵而来。这样课堂主讲人不再是单一的教师,越来越丰富的课堂内容涵盖了社会的方方面面,拓宽了学生视野的同时,也使学生的思维更加具有延展性。

为了丰富教学内容,我校一直坚持课堂活动的多样性,教材解析的完善性以及课程资源的多元性,在丰富课堂教学内容的实践中,不断完善自己的课堂,让每一节课都上得多姿多彩,让每一位儿童都能收获满满。

## 四、灵动,为孩子点燃智慧

“灵动”源于陶行知先生对于学生的“六大解放”,即在课堂上让孩子的大脑、双眼、双手、嘴巴、学习空间、学习方式等灵动起来。让孩子的头脑灵动起来，让他敢想、能想、会想；让孩子的双手灵动起来，让他敢写、能干、会画；让孩子的眼睛灵动起来，让他敢看、能看、会看；让孩子的嘴巴灵动起来，让他敢说、能说、会说；让孩子的学习空间灵动起来，让他敢问、能思、会辨；让孩子的学习方式灵动起来，让他展示、表现、成长。"灵动"的课堂教学就是要让整个课堂教学"活"起来。

第一，智慧，让课堂有"灵"可"动"。每个学生都是独一无二的，都是一个复杂的个体，每堂课也是复杂多变的。这必然要求教师要有教学机智。具有教学机智的教师方法灵活，应对自如，既有认真的教学设计，又能因课堂实际适当调整教学设计，还善利用课堂临时生成的教育资源，获得意外的收获。

"灵动"课堂是基于学生"学"的课堂教学模式，首先应当体现教师在教学中的智慧，要在教学过程中突出五个重点，促使学生课堂灵动。把备课的重点放在对学生的了解、分析，激发学生的求知欲上；把教的重点放在学生学习方法、方式指导上；把改的重点放在对学生分层要求、分类提高上；把导的重点放在学习知识、学生思维疏导上；把考（作业、测试）的重点放在学生自学能力和创新能力培养上。

"灵动"的课堂，教师要做好"三导"：一是引导，也就是教师在了解学生原有知识体系的基础上，明确本节课目标，运用不同的方法，使学生在学习过程中思想和行动，靠近学习目标，思考问题、解决问题、形成正确的学习方向。二是诱导，也就是相机引导。教师根据学生学习的需要，及时地出现，引导学生发现问题、解决问题。灵动课堂要求教师不是"教知识"，而是"导方向"。三是疏导，即当学生在独学、对学、群学等环节出现不能解决或未能达成统一意见的问题时，由教师进行知识梳理，归纳总结，形成知识体系，使学生达成本节课的学习目标，并能前后贯通，灵活运用。

第二，参与，让课堂应"动"而"灵"。学生是学习的主人与主体。教学是为了学生，也必须依靠学生，以学生为本。生动，就是学生在动。让学生动起来，让课堂充满生命活力，这是最基本的教学策略，也是灵动课堂的特质。动中现主体，动中增活力，动中显灵动。

礼让有序，全员参与。学生在积极参与、踊跃发言、合作探究的同时，有礼有节，遵守课堂规则，又礼让同学，相互理解尊重。课堂秩序井然、温情脉脉、相互鼓励、共同进步。每个学生都有机会，特别是后进生、学困生，都能感受到平等与尊重。

入情入境，合作探究。学生的灵动表现为学生的主动探究。基础教育课程改革倡导“自主、合作、探究”的学习方式，让学生自己建构、关注知识的生成过程。学生探究时，教师的主要任务就是为学生的探究创设教学情境。有情境、有探究的课堂，就是灵动的课堂。

课堂留白，自主学习。灵动的“本质”是自由，是内心的自由。因此，灵动的“条件”是空间，包括心灵空间，摆脱权威和教条。灵动意味多变、不同、包容，这就需要空间。有空间，就有活动的余地，就有无限的可能，才谈得上自由。空灵，因空而灵，需要构建开放而有活力的课堂。

“灵动”的课堂适应新时代教育的需要。它既有师生心有灵犀的融通，又有师生轻舞飞扬的创造。布鲁诺说过：“知识是一个过程，而不是一个结果”。现实教学中既要注意到课堂中老师的主导，更要注重学生的主体参与，既要将课堂置于生活中去，贴近学生生活，让学生动起来，还要将学生的感性认识和理性思考相结合，激起学生探究兴趣，做到既源于生活又高于生活。让学生在课堂中探究，在探究中成长，让课堂灵动富有魅力。

## 五、诗意，让孩子充满才情

教育是一项充满诗意的事业，它和生活一样，处处有美，处处存在着诗意。它是教人求真、向善、臻美，有着崇高理想信念的事业。教学不仅是塑造心灵的艺术，而且具有强烈的人文性和情感性，是一种雅致的文化，一块滋养心灵的沃土，一种洗尽铅华超越现实的精神享受，它浸透了浓浓的诗意，培育诗化了的心境，它会使课堂变得更精彩，更丰富，更走近教育教学的本源。

第一，诗情画意：纯美的文本。教育教学源于生活又高于生活，美丽与朴实相辅相成，集虚与实，俗与雅，空灵与厚重于一体。她既要做“下里巴人”，又要成为“阳春白雪”；诗意的文本，能让学生绽放生命的华彩。

前辈们提出“涵咏”，叶圣陶先生把读书称为“美读”，李吉林老师创造情境教学。

可见教育本身就是有诗意的。他们要把孩子带入情境的世界，美的世界，诗意的世界。教育就是发现美、感悟美、理解美、欣赏美、创造美的课程，是诗意的课程。

第二，才华横溢：诗意的老师。诗意的教师对人生渴求冲破功利主义的束缚，走出逼仄的生存空间，诗意地栖居在教学的大地上，挥洒意趣，书写人生。诗意的教师拥有一颗缪斯心性，能够以一颗敏锐、善感的心解读生活、文本、儿童中的种种诗意。在诗意的课堂中，老师用一颗诗心，带着几十颗童心交流，以一份情感动另一份情，一棵树撼动另一棵树，一个灵魂唤醒另一个灵魂，一颗诗心荡涤另一颗诗心。教师的语言具有了诗意，才能在学生的语言中播下诗意的种子，从而让那种源于儿童本性的真情在课堂中汩汩流淌。

第三，流淌诗意：斑斓的"土地"。教师耕耘的是一片诗意盎然的"土地"，面对的是天真烂漫纯真可爱的儿童。诗意与年轻的生命有着天然的本质的联系。我们脚下是一片最纯洁、最少污染，保留着生命是原生状态的"土地"。每一个儿童都是天使，每一个儿童都是幻想家，心灵中都藏着一串彩色的梦，有梦就有诗。如果说几乎每一个人的生命中，都有一段诗意盎然的岁月，那主要是指青少年时期。教师在这片"土地"上播种希望，耕耘未来，怎能不激动满怀并引以为豪？

为了培养孩子善于发现身边事情的主动意识，教师要带领学生到大自然中去，到生活中去，陶冶他们的性情，净化他们的心灵，丰富他们的情感，引导学生观察生活、体验生活、感受生活，从而发现生活之美，生活之乐，生活之味。

## 六、有趣，让儿童体验快乐

"趣"字语出南朝梁代刘勰的代表作《文心雕龙》"故辞理庸俊，莫能翻其才；风趣刚柔，宁或改其气；事义浅深，未闻乖其学；体式雅郑，鲜有反其习：各师成心，其异如面"。此意在阐释作品的教育作用和风趣的刚健或柔弱与作者的气质息息相关，联系到我校"臻美课堂"教学的课程体系中，教学的有趣和有效如同一枚硬币的两面，貌似对立，其实完全可以统一。还有一个比喻说，人需要盐，但不会直接吃盐，而是从菜、汤等菜肴中间接获得。教学的"有效"就像盐，"有趣"就像各种色香味俱全的菜肴，孩子们被这些菜肴吸引而情不自禁地进食，自然地摄入盐分以满足成长的需要。而教师的作用就在于制作那盘色香味俱全的菜肴。

有趣，即学有所乐。兴趣是最好的老师。如果一节课索然乏味，孩子们就会觉得枯燥，便会应付差事；而教师为了完成教学任务，就会强迫或灌输，由此形成恶性循环。这就要求教师充分考虑儿童的实际情况，优化教学设计，合理利用信息化教学手段与教学资源，采用不同的教学组织形式，选择适当的教学方法，提升自身的教学语言魅力，让课堂充满活力，真正让学生“动”起来，享受到学习乐趣，从而变“要我学”为“我要学”。

课堂教学应该有真实的情感互动。怎样在教学过程中激趣，吸引儿童参与呢？

第一，以“情”激趣。教师要以满腔的热情对待儿童和教学。在备课、讲课中要研究和把握好教材各单元的“动情处”。俗话说：“好戏出在动情处”。目前我们使用的教材是通过专家精选编就的，本身就蕴含着丰富的知识和趣味。各单元的教学内容不同，动情处就不同；教师对教材的理解不同，动情处就不同；教师对事业的责任心不同，动情处也会不同。因此，教师的全身心投入并努力找准教材中的“动情处”，是吸引孩子们对课堂教学感兴趣的一个重要环节。在授课中，教师以动情的讲课去感染孩子们，引导他们领悟课文所蕴含的情感基调，实现情感共鸣。

第二，以“活”激趣。“问渠哪得清如许，为有源头活水来”。孩子们在课堂上喜欢听生动活泼、跌宕起伏的语言。教师应在教学方法的“灵活多变”上下工夫，针对每一单元不同的教学内容，构思不同的教学布局、板书设计及语言运用。

第三，以“疑”激趣。教学中多设疑，是为孩子们创造积极思维的氛围的有效方法。当然设疑要精心设计，难度适中。要把握好这样一个原则：针对不同程度的儿童，设计相应难度的问题，以激发全体儿童积极地思考，从而让全体儿童积极地参与课堂教学的双边活动，营造一种生动活泼、情趣盎然的教学氛围，达到激发儿童学习主动性的目的。

第四，以“精”激趣。在课堂教学中，教师生动的讲解、形象的描述能给儿童感性知识，形成表象和想象。同时，直观的语言可以摆脱实物直观和想象直观所需要的时间、地点、设备及其他条件的限制。因此，教师的课堂语言应提炼、润色、讲究艺术，还要做到“五戒”，达到“五性”，即戒信口开河、缺乏科学性的错话；戒拖泥带水、颠三倒四的废话；戒老生常谈、千篇一律的套话；戒滥用词藻、华而不实的虚话；戒挖苦讥笑、动辄训斥的蛮话。力求准确性、简洁性、激励性、趣味性、音乐性，应努力使语言像磁铁一样吸引儿童，像清泉一样给孩子们甘甜，像听相声、看话剧一样给孩子们以艺术的享受。

第五，以“才”激趣。首先，以渊博的知识激励儿童。在这样一个信息瞬变的时代，教师要注重学习更新知识，拓宽自己的知识层面以博学多才来赢得孩子们的敬重。首先，作为教师要多读书，多学习，提高自我，不要只做一只杯子，而要做一个湖泊。其次，课堂教学，功夫在其外。作为教师，要关心和爱护孩子，成为孩子们的良师益友。最后，作为教师，要追求上进，诚实守信、光明磊落，成为孩子们道德的楷模。

教师要承自然之性，成饱满之势，持丰富之源，集灵动之气，拥诗意之灵，采有趣之力，充盈教学过程。让师生双方的积极性、主动性得以释放和激发，相互促进，形成完美的统一，绽放缤纷的色彩。

# 第一章　醇美语文

语者，言也；文者，美也，善也。我们凸显语文课堂教学情趣、诗意、灵动、饱满之特点，采取多元教学之手段，丰富语文内涵，关注生活细节，给予孩子们美的熏陶，让孩子们于诵读经典中感受美，品味文字中体会美，想象意境中领悟美，引领升华中创造美。

- 关键词 1　情趣：让生命的气息流淌
- 关键词 2　诗意：让思想的种子萌动
- 关键词 3　灵动：让思维的火花碰撞
- 关键词 4　饱满：让生活的点滴交融

语文学科核心素养由语言的建构、文化的理解、思维的发展和审美的鉴赏组成。其中，语言的建构从学科知识上划分应包括口头语言与书面语言，从学科能力上划分应包括口头语言的听、说能力和书面语言的读、写能力；文化的理解包括对本土文化的传承、对国际文化的理解、对生活文化的回归和对自然文化的关爱；思维的发展包括语文的经验思维、语文的迁移思维和语文的反思思维；审美的鉴赏包括感受美、鉴赏美、创造美和对美的人格的追求。

概言之，语文核心素养有四大清单："理解"、"运用"、"思维"、"审美"。语言理解能力表现为：读懂文本主要内容，了解文本的表达特点；指导积累优美有新意的语用材料，初步具有语感。语言运用能力表现为：能根据具体语境和任务要求在书面口头表达中尝试着运用自己所获得的言语活动经验，交流顺畅，文从字顺。思维能力培养主要变现为：能在阅读表达等言语活动中，主动思考，运用联想与想象，初步认识语言和文学形象，形成对客观事物的初步认识，具有初步的批判意识。初步的审美能力主要表现为：感知到汉字之美，培养热爱祖国的语言文字的情感；感受到人性之美，具有初步的审美体验。

语文学科核心素养具有基础性与发展性，但是核心素养是习得、悟得的过程，它不是一蹴而就，是多次培养、反复训练的结果。语文教学要多读、多思、多实践，实践大阅读观、大语用观，语文教学要特别注意保护儿童的天性——好奇心、模仿力和创造欲。

从美学角度看，语文是一门充满美的魅力学科，所选课文大都是古今中外的名家名篇，这些语言艺术的瑰宝是从长期文化发展中筛选出来的精神财富。它们文质兼美，文情并茂，为历代人所传诵，具有很高的审美价值。而且，语文教学活动富有美的形象性、感染性、社会性和创造性的因素，极有利于施行美的教育，体现了语文学科工具性与人文性的统一。《全日制义务教育语文课程标准》指出："语文课程应重视提高学生的品德修养和审美情趣，使他们逐步形成良好的个性和健全的人格，促进德、智、体、美的和谐发展。"因此，提出"醇美语文"之主张是落实学科核心素养的必由之路。

学校语文学科组在"多元至美"课程理念指引之下，充分发挥语文学科"情趣、诗意、灵动、饱满"的特点，采取多元教学手段，丰富语文学科内涵，将"醇美语文"理念寓于语文课程教学之中，让孩子们在诵读经典中感受美；在品味文字中体会美；在想象意境中领悟美；在引领升华中创造美，给予学生美的熏陶。

"醇美语文"有情趣。课堂要充分调动与激发学生的求知欲望，挖掘其智慧潜能，在教师富有情趣的教学艺术引导下，让学生变得生动活泼，能积极主动地学习，在趣味中获知、在求知中得趣，促进学生全面和谐地发展。当儿童对学习有浓厚的兴趣、好奇心和强烈求知欲望时，不仅能产生情感迁移，而且会使注意力特别持久，学习和交往能力迅速提高。因此，情趣教育对醇美语文的构建，有着十分积极的作用。

"醇美语文"有诗意。语文教学应是洋溢生机、迸发激情、充满诗意的情感舞台。语文教师要做一个采矿工，将散落于文本中的诗情画意"因子"拾收，并串连成精美的项链，涌现于学生面前，从而激发学生探究的兴趣和热情。提高课堂教学有效性是诗意课堂教学的目的，也是诗意课堂教学的结果，它要求教师以减轻负担为标准，用最佳的形式、最有效的方法和手段来组织课堂教学，最大限度地来促进学生语文素养的形成与发展。

"醇美语文"有活性。语文教学要让整个课堂教学"活"起来。让孩子的头脑灵动起来，让他敢想、能想、会想；让孩子的双手灵动起来，让他敢写、能干、会画；让孩子的眼睛灵动起来，让他敢看、能看、会看；让孩子的嘴巴灵动起来，让他敢说、能说、会说；让孩子的学习空间灵动起来，让他敢问、能思、会辨；让孩子学习的方式灵动起来，让他展示、表现、成长。

"醇美语文"有内容。语文应该是饱满的、丰富的、充满情感的。我们的课堂需要树立饱满的语文观，融合社会生活、学校生活、家庭生活，使语文学习不再孤单；关注学生的全面发展，实践创新，提倡个性发展，激发差异潜能，使语文课堂饱满充盈。以课堂教学为轴心，向学生生活的各个领域开拓、延展，即“语文生活化，生活语文化”。

让情趣、诗意融入课堂，让灵动、饱满渗透教育。用真情真趣，积攒每个人的智慧、灵性，让教师从内心散发出快乐的魅力，让语文课堂醇而美之，让学生开心地学习，享受醇美幸福的人生。

## 关键词 1

# 情趣：让生命的气息流淌

课堂教学理应充分激发学生的求知欲，在趣味中获知、在求知中得趣，让孩子们丰满地站立在教室中央。有研究表明：小学阶段正是情感性学习形成的关键时期。这阶段儿童的学习活动带有很大程度的情绪化倾向，当儿童对学习有浓厚的兴趣、好奇心和强烈求知欲望时，不仅能产生情感迁移，而且会使注意力特别持久，学习和交往能力迅速提高。因此，我校在"醇美语文"探索过程中，十分重视学生学习兴趣的激发和培养。

## 一、由"情"引"趣"

小学语文教材为学生打开了丰富多彩的情感世界的大门，教师应该善于挖掘教材中激发学生求知欲望的情感因素，使其成为学生获取知识、探索世界、开阔眼界的推动力，激发学生的学习兴趣，激励学生富有成效地学习。

### 案例 1－1

从成为小学生那天起，我就陪伴、引导孩子们读金子美玲的诗歌，从春天读到冬天，诗歌一直伴随他们成长，浸润他们纯真美好的心灵。在二年级开春时候，我们新的课文"春天里做一件美丽的事"正好给了学生抒发自己情怀的渠道。读了那么多的诗歌，他们跃跃欲试，由此开启了我们的教学活动“春天里做一件美丽的事——写自己的诗”。学生用善于发现的眼睛，洞察着校园、生活中的一切气息。

一天早晨，区园艺师在校外为柳树剪枝，我带学生去捡柳枝玩。有位小朋友就写下了自己的第一首小诗《不爱打扫的柳树》。没过几周，我们外出欣赏春天里的美景时，学生们越来越觉得写诗很有趣，相互攀比起来，看谁写得最棒。于是一首首小诗诞生了，有《柳絮飞》、《美人梅》、《我爱这，春天》、《一场梨花雪》、《花雨》、《春天》、《紫藤花和小蜜蜂》、《蝴蝶》等。

**不爱打扫的柳树**

我相信，
柳树一定也是一个
爱理发的孩子，
还有点不爱打扫，
像我一样。
瞧，
地上满是它的绿头发。

**一场梨花雪**

啊！
春天怎么还下雪呢？
仔细一看，
噢！
原来是梨花这个小淘气鬼
假扮飘落的雪花，
哈哈
你可逃不过我的火眼金睛。

有了诗歌的浸润，学生对诗歌有了认识，有了感情，所以他们才有了试一试的兴趣，读春天的诗歌，写春天的诗；赏秋天的美景，作秋天的画。

教学中挖掘学科的情趣资源，寻找学习各种知识的最佳切入点，采用多种学习方式交互使用的开放式教学方法，引发儿童对鲜明形象的感知和探究未知的激情，激发学生的投入感和参与感，产生求知的欲望，享受表达的喜悦。

## 二、以“趣”激“情”

多年以来，给小学生讲解古诗最难的是让学生理解诗意，学生能够背诵出古诗，却不能理解出古诗里的意境。因此应该先介绍诗中的意境，吸引学生的学习兴趣，从而将学生的情感带入到学习情景中去，提高学生的学习效率。

课堂的“情趣”从何而来，除了教师与学生的生活情趣、教学设计的情境情趣，更重要的在于知识本身。也就是说，我们不应只是把知识看作一堆失去了活力与生命力的、静止的符号系统，还应看到，在平静的、平面的知识表面下，还蕴含着丰富的、深厚的精神世界，弥漫着生活情趣与知识理趣的气息。因此，课堂要从知识的内部呼唤出真实存在的丰富多彩的生命情趣，把它们融入教学生命活动的过程中去，为教学情趣的激发和飞扬涂上一层深深的底色。

### 案例 1-2

在教学写日记时，由于是第一次写，正发愁要怎么开这第一节课，晨诵时，一只调皮的蛐蛐窜进了教室，扰动了学生学习的心，每个小孩子对这只蛐蛐好奇极了，教室里顿时炸了锅，晨诵是没法上了，那就都对付这只蛐蛐吧。最活泼的几个小朋友已经早早把蛐蛐团团围住：

"啊！它蹦到我腿上了，走开……"

"哎，你别动啊！动来动去怎么抓啊！……"

"快，在桌子下面，趴下去，你趴下……"

"在这，用脚踩，快……"

"不要，你们怎么这么残忍啊！……"

"不要伤害它啊……"

"用扫把扫出去，不要用手……"

"哎呀，吓死我了，快让它出去……"

有的女孩子在叽叽哇哇地乱叫，还有的隔着老远探头观望。这时候蛐蛐跳到了我的扫把上，我把它从窗户送到了外面的草丛里面。学生慢慢安静了下来，我笑着说："刚才可真热闹啊！一个误入我们地盘的小客人，搅黄了我们的晨诵哦，可也不至于置人家于死地，它也是有生命的，所以不要轻易伤害它。你们觉得这节晨诵没上该怎么补救呢？"小朋友们说那就写写刚才发生的事情吧，挺有意思的。就这样第一篇日记诞生了。

## 三、由"趣"浓"情"

"情"和"趣"是相辅相成的两面，学习过程中首先由兴趣入手，通过兴趣的吸引使得学生学习中投入大量的感情，获得学习成功的喜悦感又增强学生的兴趣。"情越浓、趣越深"，语文学习的醇香就散发出来了。

"兴趣是最好的老师"，从孔子的"知之者不如好之者，好之者不如乐之者"，到朱熹的"中心喜悦，其进自不能已矣"，无不阐释着"乐学"与"好学"的真谛。游戏更是小学生最爱的活动，所以情趣课堂使我们更加注重"玩中学、学中玩"的游戏理念，因此我们把一首小小的童诗《早安小松鼠》拆分，让小朋友们自己玩。

不要小看孩子们的想象力和词语的运用能力，你做不到的或者你觉得他做不到的，只要给他们机会，学生就会给你一个惊喜。

充满情趣的课堂为学生提供了一个温馨和谐的人文环境，让学生在自由、真实、情味盎然、趣味十足的课堂中享受求知的快乐，在富有生命气息的文字符号中涵养自己丰富的精神世界并唤醒自己独特的生命情趣，让情趣充满学生人生成长的历程。

关键词 2

# 诗意：让思想的种子萌动

德国诗人荷尔德林有句著名的诗："人充满劳绩，但还诗意地栖居于大地上。"何为"诗意"？诗意，就是像诗里表达的那样给人以美感的意境。苏霍姆林斯基曾说：没有一条富有诗意的感情和审美的清泉，就不可能有学生全面的能力发展。语文最具情感，语文充满灵性；语文教学应是洋溢生机、迸发激情、充满诗意的。

作为语文教师，应该用自己的一颗纯洁的诗心，一片无邪的诗情，努力营造语文教学的诗意氛围，让我们的每一堂语文课都成为一片充满诗意的天空，让我们的每一堂语文课都成为一种诗意的生活。

## 一、架构审美空间

语文教育的最大魅力就在于它的情和美。营造情感氛围和审美空间，调动学生的阅读情感，使学生置身于一个有血有肉的精神境界之中，领略作品的艺术情感，提高语文素养和生命品位，这才是诗意语文的终极关怀。诗意存在于生活中，蕴藏于文本中，语文教师就应当做一个采矿工，将散落于文本中的诗情画意"因子"拾收并串联成精美的项链，涌现于学生面前，从而激发学生探究的兴趣和热情。

### 案例 2－1

《鸟的天堂》理解大榕树时，课件出示了精美的画面，学生把它命名为“生命的赞歌”后，教师一边播放录像，一边呈现改写后的文本：

榕树正茂盛的时期，
你看，
好像把它的全部生命力，
那翠绿的颜色
展示给我们看。
明亮地照耀着我们的眼睛，
那么多的绿叶，
似乎每一片绿叶上
一簇堆在另一簇上面，
都有一个新的生命在颤动
不留一点缝隙。
这美丽的南国的树。

课文片段分行排列，像一首简短的小诗，更让学生触摸到了大榕树的精神力量。学生心灵的震颤与教师营造的语境融合，由景及情，产生了更为强烈的情感体验。学生有感情地齐读把这种体验宣泄得淋漓尽致。随即音乐的响起，使得教师、学生和文本“天人合一”，形成了一个美妙的语境“场”。

## 二、开扩学习视野

语文教师在教学中必须具备教师智能中的人文情感和文本内容的人文因素，去唤醒沉睡的学生,唤醒他们的求知欲望,运用诗意语言评价孩子,启发学生思考,引领学生创造,这样我们才能带领学生面向社会,联系生活,联系自己,读出自我,才能实现文本的个性化阅读。在充满诗意的教师的引领下,不仅可以带领学生扩充诗意的学习视野,而且反过来又可以营造诗意的课堂氛围。

### 案例 2-2

孙双金老师在执教《只拣儿童多处行》时很注意使用激励人心的评价语言,使学生快乐、诗意地栖居在语文课堂上。

师:还有不同的吗?展示你的不同,展示你的精彩。

师:写得精彩,读得振奋,孙老师听得也振奋,还有不同的精彩!

师:谁说你戴着和孙老师一样的近视眼镜?我说你有一双慧眼哦,你能把这句话读一读?

师:你们组真厉害,三点理由,98 分!其他组同学还有新的发现?能不能超越他们?

师:这是你们的发现啊!这是你们的感悟啊!你从冰心把儿童比作小天使,还读出什么?

师:听到没有!听到没有!喜欢儿童!我把"喜欢"改成"喜爱"。

师:暗喻的是谁——儿童!表面上写的是春光,实际上写的是儿童。我说你有一双慧眼!藏在背后的东西你都能读出来,谁说你是近视眼,你有一双火眼金睛,读一读,带着不仅是赞美春光、更是赞美儿童的语气,读一读。

……

读着这些语言,我们的心情随之激荡,儿童作为文本的阅读者,与教师和文本三者之间进行着"对话",教师的激励者角色被孙老师演绎得淋漓尽致,正是由于孙老师热爱儿童的、充满激情的激励,才唤醒了孩子们强烈的探究欲望。孩子们走进文本,跳出文本,进进出出,精彩的语言在不断地生成,不断地发展,也正是由于这些精妙的激励语言贯穿全课,才使课堂涌动着生命的活力,才构成了诗意的课堂。

## 三、点燃智慧火花

一个充满智慧的老师，能够从尴尬中捕捉契机，化平庸为精彩，化腐朽为神奇，描绘出诗情画意的语文课堂，演奏出和谐温馨的育人旋律。当课堂中出现这样那样始料未及的意外尴尬时，教师若装聋作哑，则挫伤学生学习的积极性；若严词斥责，将泯灭学生智慧的火花；若敷衍搪塞，将使学生疑窦倍增，如坠云雾。于是就需要教师能直面尴尬，冷静思考，巧妙捕捉其中的"亮点"资源，并灵活地调整教学进程，这样才会使课堂在不断"生成"中绽放美丽。课堂上学生的独特见解、学生的精彩回答、学生的创新思维等都源于学生对文本的独特理解，源于学生对世界的独特感受，也是十分丰富的、可贵的课程资源，是教师可利用的宝贵教学资料。教师善于在课堂上捕捉学生这些智慧的火花，便可以创造出一个又一个精彩诗意的课堂。

### 案例 2-3

#### 学生朗读课文《赤壁之战》

"火光照得满天通红，浓烟封住了江面，分不出哪里是水，哪里是岸。哭声喊声混成一片，曹操的人马烧死的、淹死的，不计其数……"

"唉——"一声叹息突然间响起，学生的读书声断断续续地停了下来。

学生都很自然地把目光投向那个发出叹息声的学生小明。只见小明时而挠挠脑袋，时而摸摸额角，一脸的窘相。很明显，出现这种状况，并非他的本意。

看到这，老师灵机一动："同学们，刚才小明发出了一声叹息，这声音似乎意味深长。现在请你们来进行猜想，小明为什么会在突然间发出叹息？"

生：小明是一边读书一边叹息的，说明他是对文中的描述有感想。

生：当我们读到"曹操的人马烧死的、淹死的，不计其数"时，他才叹息，说明他是为死了那么多人而叹息。

生：小明替曹操而叹息，当得意扬扬的曹操发现自己转眼间被周瑜打得落花流水，将士死伤不计其数时，肯定会忍不住深深叹息。

师：小明，请你说说，同学们的猜想对不对？

小明：我是为曹操而叹息。他原来应该稳操胜券的，可没想到结局却是一败涂地。

老师把话题一转：那请你说说曹操失败的原因在哪儿？

小明：我认为主要原因是曹操不应该轻信黄盖。在决战就要开始的时候，黄盖来投降，曹操应该有所防备才对。

生（插嘴）：就算相信黄盖是真投降，那也得留一手，派人到江中心去接黄盖，待确认之后才让他靠近大本营。或者收到黄盖的信之后，曹操马上派人混入周瑜的军营中，暗中调查一下事情的真假。这就叫兵不厌诈。

生：我听爸爸说曹操是个多疑的人，那为什么在如此重要的战争面前，他却那么轻信别人呢？

老师紧接着说：对啊，身经百战、老谋深算的曹操这一次怎么就那么糊涂呢？

生：书上说曹军号称八十万，而周瑜的兵才三万，双方实力相差太远，所以曹操就得意忘形了。

生：智者千虑，必有一失。曹操也不是个神仙。

生：所以我们读这篇课文就要吸取一个教训，骄兵必败。

生：周瑜以少胜多，说明自己势力弱，但只要不放弃，想办法，同样有机会赢别人。

老师再转话题：现在我们来分析一下，周瑜以弱胜强的原因是什么？

生：我觉得黄盖功不可没，为了让曹操对自己的诈降深信不疑，他吃了不少的苦。

生：火攻计划要顺利实施，就一定要有东南风相助，而诸葛亮把天气和时间都算准了，他也立下汗马功劳。

生：我觉得周瑜、诸葛亮和黄盖之间配合得天衣无缝，这是赢得胜利的关键。要知道，他们的计谋一环套着一环，一处出错便全盘皆输。

生：我还觉得周瑜的战前准备充分，比方说想方设法让曹操把战船用铁链连起来。如果战船不连，火攻也不会发挥那么大的威力。

师：看来同学们课前的《三国演义》没有白看，说起来有理有据的。想当年，项羽和刘邦在垓下决一死战，项羽战败，他觉得无颜见江东父老，便自杀身亡。可曹操不同，他回到北方后，总结经验教训，励精图治，很快就东山再起。现在老师布置一道随堂练笔：《〈赤壁之战〉后续》(一)欢喜庆功宴；(二)悲壮华容道。想象一下周瑜和曹操在战争之后各自都会做些什么？

新的课程理念认为，课堂不再是完全预设的，而应随机地以学定教。在这个教学案例中，教师充分发挥自己的教育机智，采用课堂教学即时评价，抓住“一声叹息”做文章，巧妙引导，展示学生对文本的感悟和颇具个性的心灵体验。

## 四、促进素养形成

提高课堂教学有效性是诗意课堂教学的目的，也是诗意课堂教学的结果，它要求我们以减轻负担为标准，用最佳的形式、最有效的方法和手段来组织课堂教学，最大限度地来促进学生语文素养的形成与发展，还要关注课堂教学行为。教是为了不教，针对教师而言，“用教材”无疑是优化课堂教学的关键。

### 案例 2-4

在《草船借箭》一课中，王崧舟老师对“笑”字的发掘及处理令人称道。师说：“我发现这篇课文写诸葛亮的地方一共有十一处……但是我发现，只有这个地方在诸葛亮说的前面加了一个笑字，诸葛亮‘笑’着说……诸葛亮在笑谁呢？”这一问引发了学生空前的猜想，生成了多样化的理解，有的说：“笑鲁肃，他根本就不了解诸葛亮草船借箭的意图(宽厚的笑)”，有的说：“笑曹操，对曹操了如指掌(讽刺的笑)”，有的说：“笑自己，成竹在胸，充满希望(成功的笑)”，还有的说：“笑周瑜，想要害我？看你怎么办？我气死你(胜利的笑)”。学生在之前的探究学习已明白了诸葛亮“神机妙算”之后，老师进一步抓住诸葛亮的神秘一“笑”这个关键点，适时、适度地以问题来进行点拨，引导学生感悟隐藏其中的深刻内涵和多种信息，使学生更透彻地理解课文内容，更准确地把握诸葛亮这一“神机妙算”的形象，也使学生进一步探究的兴趣和信心不断增强。

总之，语文教学应该是诗意盎然的，是学生感知、感悟、感受语文的音律美、形象美、个性美、情趣美、意蕴美的过程，是师生互动交往、心领神会，共同获得文本精神和言语智慧的过程，是学生享受自由、享受愉悦、享受生活、享受人生的过程。

## 关键词 3

# 灵动：让思维的火花碰撞

灵动就是活泼而不呆板。在课堂教学中，让每个学生在自主学习和相互交流中灵动起来，让思想在分享中流动起来，让课堂充满生命活力，是“醇美语文”的追求。

陶行知先生提出“六大解放”：解放儿童的头脑，使之能思；解放儿童的双手，使之能干；解放儿童的眼睛，使之能看；解放儿童的嘴，使之能讲；解放儿童的空间，使之能接触大自然和社会；解放儿童的时间，不逼迫他们赶考，使之能学习自己渴望的东西。陶行知先生的“六大解放”其实就是我们所要追求的境界。

### 一、有“灵”可“动”

一堂灵动的课不能只看到课堂上学生回答问题对答如流，教师在课堂里运筹帷幄，指挥自如，更要看到在一堂课中，学生的主观学习能动性有没有被调动，学生通过这一堂课的学习，思维有没有得到提升，学生有没有经历知识的形成过程。

灵动的课堂是基于学生“学”的课堂，集中体现在教师的教学智慧中：把备课的重点放在对学生的了解和分析，激发学生的求知欲上；把教的重点放在学生学习方法、方式指导上；把改的重点放在对学生分层要求、分类提高上；把导的重点放在学习知识，学生思维疏导上；把考（作业、测试）的重点放在学生自学能力和创新能力培养上。

（一）让学生站到“舞台”的中央

传统教学中，学生在课堂中没有地位，往往身体是坐着的，而灵魂却是跪着的。

当下社会的孩子，他们思维敏锐，看问题有自己的视角。那当今的语文教师，在开掘学生的创造潜能的同时，要从心底呵护学生的童年，要相信他们，把自己当作和学生共同学习的伙伴，让学生站在课堂的正中央，和学生一起幸福成长。

### 案例 3-1

一天，我跟往常一样走进教室开始上写字课。范写第一个字就写坏了，结构、占格都有问题，眼尖的几个孩子马上站起来："赵老师，你有没有发现你写的这个字结构有问题？""赵老师，我认为你写的这个字不规范。"……

下边的孩子马上来了精神，就连本来没用心听课的孩子也开始仔细对比黑板上的字与字帖上的字的区别。

我一脸疑惑，问道："有吗？我觉着没什么问题。"

这时大家似乎都发现了新大陆，谁都想说两句。

"好吧，好吧，你们一个一个地说，我听听你们说的有没有道理？"我故作不服气的样子维持了一下秩序。

没想到，孩子们开始有序的点评，不需要我做安排，这个说完，下一个来，点评内容都不带重复的，几轮下来，我写的那个字就被批得一无是处了。

我从教室的一角重新走到他们的视线中，"好吧，孩子们，你们说得很有道理，可是我已经尽力了，就是写不好这个字，该怎么办？"我真诚示弱。

"老师，我觉得我们自己也能写好这个字！"小小很自信地站起来表达自己的想法，全班孩子都赞同。

于是，这个字就在我的错误范字的基础上完成教学，孩子们写得棒极了！

尝到了甜头的我，后面变着花样地向孩子们示弱，还经常采用"竞选小老师"的教学方法——前一天布置写字任务，第二天孩子们将自己写的字展示评价，选出小老师，再由小老师在实物展台上分批实施写字课堂教学，孩子们还在自己小组内选出小老师给其他组员写范字。就这样，我渐渐淡出我的写字课堂，只有小老师们遇到困难时，才想起找我这个老师。到二年级学期末，孩子们写的字不能说最漂亮，但都很认真。写字教学中，老师的“示弱”，往往会给学生更大的发挥空间。

（二）让教学充满生命活力

灵动，即教学方法灵活，把教材用活，把学生教活。教学中注意多种方法有机结合，坚持启发式，在教师引导下，学生通过动脑、动口、动手、动眼，就是最大限度地发挥学生学习的主动性和创造性，切实做到学生是学习的主人，在课堂上让学生真正活起来、动起来。教学就是要充满生命活力，让课堂充满智慧，在师与生，生与生互动对话中，形成思维的对接与渐进、智慧的碰撞，实现知识的创新与升华。

### 案例 3－2

我们开始学习《初雪》一课了。学习过程中，我突发奇想说：“孩子们，我们来对对话吧。我来读妈妈的话，谁来读小姑娘的话？”孩子们纷纷举手，都愿意和我合作。每一次合作时，我都发现其他的孩子会自觉地选一个角色小声跟着读。几轮下来，班里识字多的孩子大多范读过了，应该和孩子们换换角色了。于是，我来读小姑娘的话，找学生读妈妈的话。这一次我开始避开前面读过的孩子，选其他孩子来朗读。果然，大部分孩子都能熟练朗读，不仅如此，孩子们在我们合作中还学会了模仿我的朗读，效果真不错！所以在课堂上，尤其是在诗歌教学的课堂上，老师不能高高在上，要保持与学生平等的高度，学生才能彻底拆除心灵的防线，与老师、伙伴共同畅游在诗歌之中。

### 案例 3－3

有了《初雪》一课教学的简单试验，我找到了诗歌教学中的快乐点。有了这次的经验，在学习《玩雪》的时候，我又和孩子一起合作读诗歌。我发现，有不少孩子课前预习了，目的很明确——争取和老师合作的机会。我兴奋极了！于是我思考：我与学生合作只是教学活动中师生平等关系的体现，是不是可以尝试我退到角落里，让孩子在课堂上尽情展示自己呢？于是，在这堂课上，我不但采用了师生合作朗读诗歌的方式，还让孩子们同位合作你一句我一句地朗读诗歌，准备好的同位两人就走上讲台朗读，甚至是诵读。因为同位的安排是本着互帮互助的原则，所以朗读稍好一点的孩子会带一带同位，为了同桌两人有机会走上讲台朗诵，孩子们会想尽一切办法互帮互助。课堂成了孩子们表演的舞台！这样一来，我倒是轻松了，我能做的就是不断帮他们寻找榜样，引领他们跟着榜样前进。孩子们在不同层次上有了成就感，也就找到了学习的快乐所在。当孩子们出现同样问题时，我就站出来范读一下，这本是我应该干的事情，在这一刻我却成了孩子们崇拜、感谢的焦点，我不禁沾沾自喜——我只做了一点点事情，孩子们就能事半功倍！“好的课堂，就是上着、上着，老师不见了”这是台湾著名教育家李玉贵老师的一句话，我铭记在心，时刻实践。课堂就是学生的舞台，要努力让学生尽情发挥。

## 二、因“动”而“灵”

“灵动”的课堂教学中，以学生自学讨论代替教师讲解，以当堂展示、检测促进学生学习，教师在课堂上先展示自学目标，指导学生自学，然后检查学习效果，针对疑难点精讲点拨，再检测反馈，归纳总结，当堂达标。

课前下发预习单，明确预习学习目标和应完成的任务、解决的问题。让学生明白学什么，怎么学，学到什么程度，标注预习中遇到的问题等。这一环节不是放任学生自由预习，而是在教师指导下的主动学习。培养学生自主学习的习惯，提高学生探究学习、独立思考的能力。

### 案例 3－4

学习《泉城》一课时，一张预习单就理清了文章的脉络，根本不需要老师一一讲解。

| 泉名 | 位置 | 名称由来 | 特点 |
|---|---|---|---|
| | | | |
| | | | |
| | | | |
| | | | |

首先，分小组进行互动，针对学生课前独立预习的情况，在小组范围内展开讨论交流，达到“求同存异”的目标；二是全班互动，主要是对小组互动时未能解决的问题进行全班讨论、质疑、释疑，然后达成共识；三是师生互动，教师找准相机引导的关键点，及时点拨、引导。这既有利于促进学生智能、个性的发展，又有利于创设课堂学习气氛和提高课堂学习效率，还能有效地帮助教师找准教学的“导”点。

**案例 3－5**

我们班的学生喜欢用结构图预习课文、理清思路。在学习《荷花》一文时，学生们坚持要用自己的方法来学习，课堂上全是学生忙碌的身影，最后交出的学习成果是很惊艳的。

本环节充分发挥学生的主观能动性和参与性，通过各种方式由学生自我展示学习的任务。首先做到展示形式多样化，可以板演，可以口头叙述，可以背诵，可以辩论、演讲，相互点拨、评价、对抗、质疑等；其次做到展示内容流程化，操作流程为：组内讨论（小展示）——展示交流（大展示）——异组质疑——明确重点（教师）——互相交流。展示过程中全员参与，不断纠错、订正、完善展示内容。其间教师也应认真参与，聆听、观察，发现学生学习过程中存在的问题，为下一环节教师的疑点透析打下基础。最后要做到评价多元化，形式包括师生评价、生生评价、组际评价、个人对小组评价等。

“灵动”的课堂教学模式，是适应新时代教育的需要。它既有师生心有灵犀的融通，又有师生轻舞飞扬的创造。布鲁诺说过：“知识是一个过程，而不是一个结果”。现实教学中既要注意到课堂中老师的主导，更要注重学生的主体参与；既要将课堂置于生活中去，贴近学生生活，让学生动起来，又要将学生的感性认识和理性思考相结合，激起学生探究兴趣，做到教学既源于生活又高于生活。让学生在课堂中探究，在探究中成长，让课堂灵动富有魅力。

## 关键词 4

# 饱满:让生活的点滴交融

饱满即充足、充满感情。我校建设“醇美语文”课程体系,倡导饱满的语文课堂教学观。其主要内涵是:语文教学应融合社会、融入生活,使语文教学具备饱满的有机载体;语文教学应关注孩子的全面发展,激发个性差异;语文教学应充分发挥儿童的潜能,给予饱满的学习体验。饱满,本质上是把握语文本质属性后的教育思想的回归,是发展学生核心素养的要求。

### 一、与生活“接壤”

语文素养是能适应生活需要的、整合的、具有可持续发展前景的综合素养。要培养这种以促进人的发展为宗旨的综合素养,必须将教育与生活紧密相连。因此,语文教学要向孩子们生活的各个领域开拓、延展,全方位把他们的学校生活、家庭生活、社会生活有机地结合起来。语文的外延等同于生活的外延,因此这个观点简言之,就如特级教师李镇西所说“语文生活化,生活语文化”。语文教学需加强语文课程和其他课程及生活的联系,促进学生语文素养的整体推进和协调发展。因此,让语文教学与儿童心灵相沟通,让语文课堂与社会天地相接壤,使语文教学突破“应试语文”的束缚而成为“生活语文”势在必行。具体操作如下:

（一）尊重生活，关注动态生成

陶行知先生“生活即教育”的理论启示我们：一个儿童自呱呱坠地而长大有为，在语言发展的过程中，其思维、认知、情感、语言、词汇的源泉，乃是生活。生活对语言的感受、认知、学习、发展的作用是活生生的，实实在在的，最具有魅力与渗透力的，课堂教学与生活联系起来，儿童就会习得饱满主动。

课堂应是向未知方向挺进的旅程，随时都有可能发现意外的通道和美丽的途径，而不是一切都必须遵循固定线路而没有激情的过程。老师面对孩子突如其来的、个性化的理解，巧妙地将生成与预设融合起来，现场捕捉，智慧启迪，孩子在与教师、文本的思维碰撞中出现“仁者见仁，智者见智”的创造性的见解，并且在交流之中相互启发。《新课标》告诉我们：“跳出备课预设的思路，灵活应变，尊重学生的思考，尊重学生的发展，尊重学生的批评，寻求个人理解的知识结构，课堂会因生成而变得美丽。”从而使语文课堂的本本主义教育转化为饱满的生活化教育。

（二）感悟生活，激发创新思维

生活是海洋，凡是有生活的地方就有快乐和宝藏，就孕育着灵感和热望。语文源于生活，让儿童从语文中去寻找生活、感悟生活、创造生活是实施语文教学的一个出发点。只有感悟生活，才能在生活的碰撞中点燃灵感的火花，只有感悟生活，才能从生活之水中激起灵感的浪花，只要有生活的积累，就会有灵感的迸发。

在老师不断地帮助下，孩子们睁开眼睛凝视万物，竖起耳朵倾听万籁，敞开心灵关怀、感悟生活。鼓励孩子敢于在课堂上发言，始终使课堂充满着疑点，闪烁出亮点，呈现出课堂的精彩，使课堂氛围浓厚、学生思想饱满。

（三）回归生活，演绎精彩课堂

“语文学习的外延和生活的外延相等。”的确，哪里有生活，哪里就有语文。生活中处处洋溢着语文气息，学习语文是为了更好地生活。老师要时刻关注儿童的生活经验和生活体验，重视社会实践活动，关爱自然、人与环境的和谐发展，协调生存，促进人类的可持续发展，让儿童在一个广阔的天地中积极自主地探索，懂得生活、学会生活、改造生活，做生活的主人。

### 案例 4 - 1

以《坐井观天》的教学为案例，我以文本教材为载体，让课堂教学贴近于生活，联系实际，引导学生懂得生活、学会生活、改造生活，赋予课堂以生命和活力，让语文课堂因生活而精彩。

师：同学们，小青蛙听到大家把井外的世界说得这么精彩，它真想跳出井口来看一看。（出示课件：青蛙跳出了井口）说说青蛙跳出井口后，将会怎么样呢？

（生思维活跃，争相发言）

生：它看到绿绿的小草，还有五颜六色的花儿。

生：它看到了果园里挂满了黄澄澄的梨子，红彤彤的苹果，一派丰收的景象！

生：它会到处逛逛，看看美丽的风景，看看拔地而起的高楼大厦……

（正当我倾听于学生对生活的赞美之言时，一位学生忍不住叫着他也想说说）

生：老师，我觉得青蛙有可能没有看到这么美的景色。

师：（师一愣，然后充满好奇疑惑）说说你是怎么想的？

生：它看到路边垃圾成堆，蝇蚊成群，闻到一阵阵很刺鼻的臭味。

（一石激起千层浪，学生众说纷纭）

生：它看到有人大量砍伐树木，鸟儿没有了家。

生：它感觉外面的世界并不像我们说得那么美，它想回到安全的井中去……

（师灵机一动）

师：那么我们能不能用什么好办法来挽留小青蛙呢？让它安心快乐地和我们生活在一起。

（学生思考片刻，跃跃欲试，兴趣盎然）

生：我们做个广告牌，上面写上"保护动物，人人有责"来告诉人们应该与动物成为好朋友。

生：我们不仅自己要知道环保知识，还要向同学、家人、朋友宣传要爱护动物，保护环境的知识。

……

师：同学们说得棒极了！只要大家共同来保护环境，爱护家园，小青蛙就会被我们挽留下来，动物们才会快快乐乐地生活在我们身边！

此教学案例中，饱满的教育观与生活的紧密结合体现得淋漓尽致，语文教师作为一线教育的主干力量，发挥着举足轻重的作用，在课堂教学中，教师带头，不断引领孩子关注生活，孩子不断从文本出发，生成关于生活的主题思想，激发学生的创新思维，生发高于生活之上的灵感，从而升华语文课堂，使语文课堂饱满有序。

由此可见，让课堂走向生活，让生活走进课堂，教师和儿童在生活化的课堂中平等地对话不仅能调动儿童结合生活来学习语文，切切实实地体现了全员参与、有效参与的教学活动，也真正体现了课堂因生活而精彩的思想，充分凸显了生活是课堂之源的主旨！

## 二、与育人“对接”

把教语文同教做人有机地结合起来，在社会生活的实践中把语文知识转化为语文能力。语文教学除了开启心智，还应陶冶情操。对儿童进行潜移默化的美的感染和熏陶，使孩子具有高尚的道德情操、美好的心灵、美好的情趣、美好的志向……完善课堂主体饱满的做人储备。

《全日制义务教育语文课程标准》顺应时代要求，以人的全面发展为核心提出“培养学生高尚的道德情感和健康的审美情趣，形成正确的价值观和积极的人生态度，提倡开放与创新”，合理完整地体现了语文教育对儿童健康的人格体系与语文综合素养同步、和谐、全面发展的目标追求。

语文教学应是饱满的，它是提升每个孩子生命质量和培养每个孩子健全人格的教育。多姿多彩的人格品质是一个民族充满生机活力，不断文明进步的重要源泉。我们必须突破传统的教学思想，树立饱满的语文观念，在语文教学改革中不但培养学生良好的语文素养，而且塑造他们健全的人格品质，让孩子在求知中学会做人。具体的教学策略如下：

(一) 深挖教材，整合教学目标

现行苏教版语文教材以单元模块呈现，所选篇目既是经典之作，又切合学生实际，具有丰富的人文内涵,对人的精神影响是深广的。作为教师,必须深入挖掘教材内容,确立全面、合理的教学目标。教学目标决定着儿童身心发展的质量规格和水平,涵盖了认知、智能、情意三个领域。我们在确立知识、能力目标的同时,必须重视情感目标的实现。如苏教版语文五年级上册《陶校长的演讲》一文中,可让孩子结合演讲的格式要求,以及饱含激情的讲演氛围,自我树立学期目标,教师可先自我宣言,树立典范。

(二) 引情入境,陶冶健康情感

情感是构成人格稳定而独特的心理因素。少年儿童的情感正处于急剧变化时期,其情绪状态带有很大的情境性。教师要创造一种富有感染力的教学情境。教学需要情感为纽带,这种纽带应首先由教师抛向学生。即教师应创造性地利用各种手段创造出一种有节奏、和谐又生动的富有感染力的教学气氛和情境。小学语文课文感情色彩浓厚,教师应时刻以饱满的精神状态,富有感染力的语言艺术,引导学生进入课文情境,使之与作者感情产生共鸣,在潜移默化中受到积极情感的熏陶和感染,接受思想感情的一次次洗礼。

### 案例 4-2

上次的作文题目是《爸爸妈妈,我想对您说》,孩子们的文章使我深深的感动。谭丁嘉同学在文章中写道:“爸爸妈妈你们是多么的辛苦,你们就像是大树,我是树上的叶子,爸爸妈妈是我生命的源泉,没有你们我不会来到这五彩缤纷的世界”。学习一贯刻苦认真的王晨羽同学写道:“妈妈,我最佩服您,我每次做错事总逃不过您的眼睛,哪怕是错一个字也能被您发现。”更多的孩子们写道:“我一定不辜负家里的期望努力学习。”看到孩子们这些真实的话语,我已经走进了孩子们美好的心灵世界,孩子们已经在接受爱的同时懂得感受爱,并懂得真诚的理解与回报。我为孩子们的每个进步感到欣慰,感到幸福!

由此,我想:孩子们对老师有什么心里话要倾诉吗?于是,我又布置了习作《老师,我想对您说》,这次,我不只是感动,更多的是震撼。李娇同学在作文中说:“老师,当我考试没考好的时候,总能看见您用鼓励的眼神看着我,给我自信;当我取得成功的时候，总能看见您用赞赏的目光看着我，催我奋进；当我做了错事的时候，总能听见您的谆谆教诲，给我温暖。老师，您在教给我们知识的同时，也教给了我们做人的道理。您是我们心中最好的老师。”贾康轩同学说：“老师您是红烛，燃烧自己，把光明给了别人；您是笔盒，我们是铅笔，您心中装着我们。老师像太空，我们是星球，美丽的太空包着美丽的星球”……

这次习作，加深了我和学生之间的情感交流，使我更加了解我的学生，也更爱他们了，关注他们，赏识他们。让做老师的我有颗更加明亮的眼睛，去发现学生的每一个细微的变化，让孩子们每天都能感受到爱的温暖，健康快乐地成长，在作文中懂得感恩，学会做人。

（三）把握内容，锻炼顽强意志

意志是人们为了达到预定目标而克服前进道路上的障碍所能作的持续努力，对学生的学习、工作有着巨大的影响。教师可以充分挖掘语文教材中人物克服困难、抵抗挫折的品质，进行意志品质的心理渗透。例如：讲述《徐悲鸿励志学画》时，重点引导学生体会徐悲鸿在艰难困苦中的顽强意志以及他一颗炽热的爱国心，让孩子受到情感的熏陶，获得潜在的意志力量的作用。不少优秀课文，更能从多种角度训练启发孩子树民族之魂、明做人之道、立创造之志。我们教师必须有效利用教材让学生在理解感悟与实践中，加强锻炼顽强意志。

（四）突破传统，营造宽松环境

传统语文教学模式以“传道、授业、解惑”为基点，以注入式的讲解、分析为主宰，限制了孩子的活动，阻碍了孩子的发展。在饱满语文教学思想的引导下，我们努力改变孩子的学习方式，发挥孩子们的主体意识，以“自读自悟、自学探究”为基础，以“自主、发现、合作、探究”的小组合作学习为模式，为学生营造适宜的学习环境氛围。创造一种民主自由、安全和谐的教学人际环境，这直接影响着学生人格品质的形成、创新能力的激发。

在宽松和谐的学习氛围中，在“自读、发现、讨论、合作、探究”的课堂教学实践中，更注重从以下几方面培养学生健全的人格品质，逐步教会学生学会怎样做人。

## 三、与实践结合

在小学语文教学中,正确地处理好教学实践与理论之间的关系,是提高语文教学效果的需要,也是儿童认识活动的特点所决定的。学生在校学习的主要是书本知识,是间接经验,是前人长期实践的总结,是人类已知的真理。而儿童对基础知识、理论的掌握,应以一定的感性认识或直接经验为基础。这就要求我们在教学中,必须从教材特点出发,联系学生已有的知识,从感性到理性,把间接经验和直接经验结合起来,使之更好地掌握基础知识和理论。

(一) 语文学习拓展社会实践

学生学习的知识主要是反映在书本上的间接知识,无疑这是很重要的。但是,这不意味着可以轻视生活实践。否则,学生学到的知识是不完全的。当前,语文教学在素质教育方面还存在的一个重要问题,就是只重视书本知识,忽视生活实际,从而出现死记硬背、高分低能、不能解决实际问题的现象。这必须引起我们的重视。我们知道,语言文字来源于生活实践,并反映着生活实践和人的主观态度。

正由于这样,饱满的语文教学不能离开生活实践,不能把眼睛只盯在语言文字上,而要在字词句段篇的学习和听说读写的训练过程中,培养学生的观察能力和思维能力,让学生逐步地去认识自然,认识社会并且在认识世界的基础上,使其产生改造世界的愿望,成长为一代新人。

(二) 社会实践丰富语文教学

我们应在语文教学实践中把握原则,还可通过影视学习语文。通过对影视作品的理解认识,提高学生对生活的认识和理解,理解影视作品中的语言艺术与语文表达的相关、相似之处,使学生向语言迁移;分析人物,发散思维;学习其中的语言,丰富词汇;写影片,对影视作品评论优劣;尝试让学生写小剧本,当主持人;从欣赏艺术作品中对欣赏进行艺术熏陶,引导其有所领悟、感悟。

总之,饱满的语文教学要千方百计拉近语文教学与学生生活的距离;千方百计在教学中渗透德育；千方百计进行非智力因素的培养；注重发展能力，特别是获取知识的能力和在生活实践中运用所学知识的正迁移能力；注重开发智力，特别是进行思维训练；听说与读写并重。

# 第二章　趣味数学

我们重新审视课堂教学，将“趣味数学”寓于课堂教学细节之中，力求在课堂中体现“趣味、对话、深度、高效”之特点。我们尝试构建“趣味数学”课程体系，开设“扑克牌课程”、“魔方课程”、“魔尺课程”、“数学绘本阅读”等课程，为学生发展提供广阔的学习空间。

- 关键词 1　趣味：浸润在活泼的学习氛围中
- 关键词 2　对话：让想象与创造成为主旋律
- 关键词 3　深度：导向高阶思维的深度学习
- 关键词 4　灵活：在多变中体验学习的味道

小学阶段是学生系统学习数学的开始，数学核心素养是数学教学的灵魂。根据新课标的要求，数学学科核心素养确定为以下六个方面：数学抽象、逻辑推理、数学建模、直观想象、数学运算和数据分析。其中，根据小学生的认知发展水平，又将这六个方面扩充到十个关键词，分别是：数学抽象、推理、建模、运算能力、数据分析观念、直观几何、想象、数感、创新意识、解决问题。

数学之学习，严谨而不失乐趣也。故而，学校的数学学科以"趣味数学"为发展理念不断前行，"趣味数学"也成为学校课程建设的重要组成部分。"趣味数学"以小学数学学科的知识体系为依托，是学科课程的有益补充，体现趣味性、益智性、实践性、自主性、创造性，让学生充分体会数学学习的价值和成就感。"趣味数学"不仅有利于激发学生的学习热情，挖掘学生的学习潜能，培养学生的思维能力，提升学生的数学素养，而且有助于教师落实"立德树人"的教育思想，帮助学生养成良好的道德品质，实现数学学科的德育目标。而"趣味"二字恰好生动地体现了数学有趣、数学好玩的特点。

为了更好地发展学生的数学核心素养，学校将"趣味数学"理念寓于数学教学之中，力求在数学课堂中体现"趣味、对话、深度、灵活"的特点，逐步探索出"趣味数学"教学范式。

"趣味数学"让孩子在趣味化、生活化的数学活动中，自主地建构数学知识，创设轻松、活泼的教学氛围。通过一系列数学活动培养学生对数学的兴趣，把数学与儿童生活实际联系起来，让学生看到生活中处处充满数学，将学到的知识用到生活中。引导孩子积极运用自己已有的生活经验去探索、去发现、去体验，让他们亲身感悟数学知识。通过自己的认知活动，实现数学观念的构建，促进知识结构的优化。

## 关键词 1

# 趣味：浸润在活泼的学习氛围中

趣味，即结合小学生的心理特征，发挥数学的趣味性，激发学生的学习积极性，启迪思维。《义务教育数学课程标准》指出，学生是数学学习的主人，学生的数学学习活动应当是一个生动活泼的、主动的、并富有个性的过程。

教师采用寓教于乐的教学方式激发求知欲望，引导学生形成一种积极向上的学习态度，把枯燥被动的学习变为有趣主动的学习。打破数学与生活的隔阂，将数学与身边的事物联系起来，让孩子浸润在轻松活泼的学习氛围中，通过充满趣味化、生活化、实践性的数学活动，不断观察、发现、质疑、探索、归纳、应用……同时在教师的旁征博引和深入浅出中，开拓学生的视野，让数学课变得既津津有味又富有强烈的时代气息。培养学生的数学审美意识，学会感悟、创造、表达数学所独具的数学美，使数学学科成为学生追求真善美、创造美好生活的教育资源。

## 一、情境引趣

常言道：良好的开端就等于成功了一半。这句话在课堂教学中也同样适用，无论是新授课、复习课、练习课还是活动课，只要有了个好开头，那这节课也就基本上算成功了。课堂导入是教师讲授每节课时给予学生的第一感知，其重要的艺术特征，是能引起学生的认知冲突，引发学生学习兴趣，引出紧紧抓住学生心弦的情境。著名教育家苏霍姆林斯基说："如果教师不想办法使学生产生情绪高昂和智力振奋的内心状态，就急于传授知识，那么这种知识能使人产生冷漠的态度，而使不动情感的脑力劳动带来疲劳。"

例如在"找规律"这一课，情境的创设充分地体现了数学的趣味性。教师由"幸运串串烧"引入，以让学生猜猜第2串"幸运串串烧"下一朵花的颜色来引出规律，激发了学生的学习兴趣，调动了学生参与的热情。然后用一句话："同学们喜欢规律吗？"组织学生进入了挂满灯笼、彩旗飘扬、小朋友在开心地做游戏的活动场面。那么美的地方，那么好玩的游戏，哪个小朋友不觉得有趣那真叫怪了！学生们找啊找，找得很开心，学得很投入。在老师的引导下，学生还创造了有规律的掌声，摆出了有规律的学具，展示了有规律的动作，最后师生一同观看欣赏了生活中时时处处可见的规律：不同颜色的五角星，不同形状的图形，街道两旁的绿化带，精心编织的手镯，小朋友衣服的条纹。这节课不仅是在引导学生找规律、发现规律、创造规律，更是在教会学生要做生活的有心人、要善于发现身边的数学、要从小培养自己学习数学的兴趣。

## 二、导学激趣

课堂进行的时间是学生学习知识重要和主要的时间，是老师教和学生的学产生交流的时间。如果这时候学生的注意不在老师所讲述的知识上，那么再好的引入也是没有效果的。所以不仅要在课堂引入这一特殊环节，而且在整个课堂进行的时刻，我们都要让快乐和趣味的氛围萦绕在课堂中。

例如在乘法口诀教学中，巧妙的运用手指教学增加趣味性。具体做法就是，把双手并排伸直，掌心朝自己，从左起每一个手指代表一个从1到10的数字。弯曲自左向右第一到第九个手指，表示9乘几的积(弯曲手指左边的手指数表示积的十位数字，右边的手指数表示积的个位数字)。如六九五十四，弯曲第六个手指，可以看到左边有五个手指，右边有四个手指，那么乘积就是54，即六九五十四。手的妙用可不只如此哦！

兴趣是推使人前进的有效手段，是做好任何一件事的前提条件。愉快有乐趣的氛围，不仅让学生乐于学习，积极参与学习，还可以带动老师的热情，在工作中激发更多的灵感,发挥自己的教学艺术。

## 三、互动生趣

### 案例 1－1　从生活切入数学,激发学生学习兴趣

教学内容分析:

分类,在我们的日常生活中有广泛的使用范围。通过课堂分类(帮妈妈整理房间)的学习,培养学生的观察能力、判断能力和语言表达能力,并培养学生合作交流意识,养成良好的生活习惯。

案例教学过程:

[片段一]合作学习,共同探讨

1. 整理房间,体验分类。

师:今天,我给大家介绍两位新朋友,小明和他的妈妈,由于小明的妈妈要去旅游,同学们猜一猜,当妈妈不在家外出旅游时,小明的房间会是什么样呢?

师:到底什么样子呢? 我们一起来看看。(出示课件,乱房子)

(用对话方式引导学生进入课题,整理房间,分类存放)

2. 同桌活动,整理房间。

师:我们先来看一下房间里都有些什么?

生:争先恐后地回答。(在课堂中,踊跃地动脑,动手,动口,可以有效地激发学生学习的兴趣)

师:我们该怎样来整理呢? 老师给每张桌子都放了一套小明房间里的物品图形。同桌先互相商量一下,准备怎么整理,然后动手摆一摆、分一分,把房间收拾整齐。学生活动,老师巡视,汇报交流(上展台)。

师:你们可真是生活的小主人。给小明提供了这么多整理房间的好方法。(请同学们把房间模型收入桌兜,学生参与着观察、思考、表达、交流、比较等数学活动,在自主探索的活动中加深了对"标准不同,分法就不一样"的认识)

老师相信,通过今天的学习,同学们回家后一定会把自己的小房间整理得更加干净、整齐,成为生活真正的小主人。

## 四、变式融趣

案例教学过程:

[片段二]合作学习,共同探讨

1. 练中巩固,深入分类。

利用分水果、蔬菜,深入掌握分类思维。

师:没过几天,小明的妈妈旅游回来了。看见小名的房间这么干净、整齐,高兴极了。看,妈妈买了这么多好吃的东西,大家看看都有什么?(出示课件)

学生一双双小眼睛直勾勾的盯着课件(表现出学生的求知欲)。

师:大家能不能用我们刚学会的分类知识,给这些好吃的分一分类?同学们互相交流,在两人三人的合作交流中探讨准备怎么分,把哪些分为一类,为什么这样分。

生:把水果分一类,蔬菜分一类,因为水果可以生吃,蔬菜要炒着吃。

师:同学们,小明妈妈也感觉这样的分法很科学,也按这样的要求来分类。(赞许的目光,给学生以鼓励)我们一起来帮助小明完成分类好吗?

(出示课件,水果和蔬菜的分类)

在大家的帮助下,小明得到了妈妈的表扬,可开心了。你们做得非常好,请奖励给自己一张笑脸。

师:老师看到每个同学都是笑脸,从大家眼中看出每个同学对本节课的掌握很不错,老师也非常开心。

2. 结合学校生活,探究学习,培养良好习惯。

师:下面我们结合我们所学的,将自己的书包内的物品进行分类,我相信大家一定会分得很棒!分类存放完马上坐好!开始!

生:动作迅速地将自己的书本,练习本,卡片,铅笔盒分类存放,并整齐地摆放在课桌上。(通过动手操作、练习让学生加深对分类的认识。从小培养他们养成良好习惯,

学会合理地有规律地生活。知道数学与生活是分不开的。从而感受学习数学的快乐）

师：大家做得非常棒！我们从现在开始，每当来到学校，就要把东西分类存放好，养成良好的习惯！

案例分析：

根据教学内容的特点和学生的实际情况，通过对话、联系实际生活和信息窗引导学生积极参与。使学生在多种形式的教学活动中，加深了对分类的认识，重点是让学生学会了选择不同的分类标准的方法。开阔性、活动性的练习让课堂洋溢着愉快的学习氛围，学生不仅获得了知识，更为重要的是获得了学习数学的兴趣。

新的课程标准更多地强调学生用数学的眼光从生活中捕捉数学问题，主动地运用数学知识分析生活现象，自主地解决生活中的实际问题。因此，在数学教学中应重视学生的生活体验，把数学教学与学生的生活体验相联系，把数学问题与生活情境相结合，让数学生活化，生活数学化。

因此，数学教学应该将课堂与生活紧密联系起来，体现数学来源于生活，寓于生活，用于生活的特点，引导学生把数学知识运用到学生的生活实际中去体验感受，使学生充分认识到数学来源于生活又是解决生活问题的基本工具，达到数学课堂教学生活化的目的。

在本节课的教学实践中，既产生了我所意想不到的惊喜，也留下了值得我进一步思考的问题：如何联系实际生活更加灵活、有机地处理好课堂中的“动”与“静”；如何让学生的思维更开阔、更活跃，更具生机和活力。

## 案例 1-2 让孩子们发现“数学美”

数学是人类文明的结晶，数学的结构、图形、布局和形式无不体现数学中美的因素。我们有些学生不能把数学与美联系在一起，这在一定程度上说明我们数学美育教学的欠缺。因此，数学教师在教学中充分挖掘数学教学的美育功能，不仅可以使学生得到美的享受，还可以获取知识，开发智力，增加数学的趣味性。认识平面图形这一内容是从现实生活中引出的数学内容，都是来自于学生在实际生活中经常看到的物体，学生已有了一些经验，在此基础上通过观察、绘画图形，能够使学生在愉悦的学习中直观地认识、辨认、区分这些图形的同时获得对简单的图形美的体验，并在合作交流中初步发展空间观念，产生对数学的浓厚兴趣。

1. 创设情境，感受美

（上课一开始，播放优美、轻快的音乐）

师：同学们，今天早上的空气多新鲜呀。可爱的小鸡们也跟小朋友们一样早早地起床，在绿油油的草地上寻找食物，瞧！他们找得多高兴啊！（多媒体动态演示）你们看，这幅图漂亮吗？

生：漂亮。

师：漂亮在哪里呢？为什么觉得它漂亮啊？

生：因为它有很多种颜色：有绿色、红色……

生：因为它画了大树、房子、太阳……

生：它有很多种形状，有圆圈、有三角形……

师：小朋友们很会欣赏画，老师也觉得漂亮，这些图画里头有我们的数学朋友，你们想知道它们的样子和名字吗？

2. 动手操作，诱导美

师：其实，同学们的手也可以创造出这些美的图形，先请大家从学具袋里任意拿出一个正方体，把它按在纸上沿着底面画一个图形，看看在你的笔下可以变什么样的图形？（边示范边说明）

（生独立操作，教师巡视指导）

师：同学们，现在你能不能告诉大家，从长方体的底面画出来的图形是什么样子的呢？

生：四四方方的正方形。

师：哦！你知道它叫正方形，那你能不能告诉我们，什么样子的图形是正方形呢？

生：四四方方的。

师：没错，正方形是四四方方的，但是还有一点这个小朋友没有说，正方形的四条边也都相等。我们就把四四方方的，四条边都相等的图形叫正方形。老师手上是正方形的照片，我们来认一认吧！

生：（根据教师拿出不同大小的正方形说出名称，加强记忆）

师：大家再拿出任意一个长方体，也沿着底面画画看。

（生第二次操作，教师巡视指导）

生1：我画出了一个长长的，方方的图形。

生2：我画出了正方形。

师：我们请这两位小朋友上来展示一下他们画出来的图形好吗？（好）你们看，他们画出的图形一样吗？

师：为什么同样是长方体，他们画出的图形不一样呢？我们来看看他们是用什么样的长方体画出来的好吗？（请学生把运用的长方体拿上讲台展示）哦，小朋友们都看一下，原来这个长方体是一个特殊的长方体，它的两头都是正方形的。这位小朋友真棒，找得太好了。那另外这个我们把它取名叫"长方形"，这就是它的照片，我们一起来认一认吧。

生：（根据教师拿出不同大小的圆形和正方形说出名称，加强记忆）

3. 合作交流，寻找美

师：认识了长方形、正方形、圆形和三角形这四个朋友，它们还委托老师另外两个任务，第一个任务是要把这些智慧星送给认真动笔表现出色的孩子，你们商量商量要奖给谁？

（生兴奋地讨论着，给课堂气氛掀起一个高潮）

师：在大家的配合之下，老师的第一个任务已完成了，第二个任务就是帮它们找找生活中的朋友——哪些物体的面是这些图形，把你想到的找到的先告诉你身边的同学。（教师巡视指导）

谁来帮老师来完成这个任务？

生：（争着抢着说，教师指导补充）课本的封面是长方形，饮料罐的上面和下面是圆形，三角板的面是三角形，桌子的面是正方形……

师：我们重新再来看这幅图。（电脑逐一显示各种图形，学生说它们各自的名称）

……

总之，鲜艳美观的图案，简洁大方的板书，亲切生动的语言，活泼有趣的故事都是激发学生学习兴趣的“妙方”，因此，本节课教学，我就创设了如下情境：以“阳光明媚的早晨”画面导入，通过学生边观察边欣赏，“说说漂亮在哪里”，把冷冰冰的知识与美结合起来，触动学生的心灵，接着让学生通过动手描一描，拼一拼，画一画等一系列活动来获得知识并从中受到美的陶冶。

同时，“平面图形”这部分知识源于现实生活，长方形、正方形、圆形、三角形等平面图形在生活中随处可见，学生在生活实践中具有一定的感性积累。所以在教学中我安排了让学生合作、寻找交流生活中物体的图形这一活动，以充分调动学生的自主学习能力和生活积累，让学生能充分感受到数学知识与生活的密切联系，从而体会学习数学的价值。

## 五、评价汇趣

教师的每一次动情的评价对学生来说都让学生记忆犹新，激情高潮。为了满足低年级学生的好表扬心理，我们承续了幼儿教育的评价方式：如掌声、大拇指、智慧星等，以无声、有声的方式对学生及时评价，营造舒心、和谐的课堂氛围，让学生产生良好的学习情感和持久的学习兴趣。

### 案例 1－3

评价应以促进学生的发展为目标，既要关注学生知识与技能的理解与掌握更要关注他们情感与态度的形成和发展；既要关注学生学习数学的结果与成效，更要关注他们学习过程中的变化和发展。

(1) 认识直尺

师：你总结得真好！奖励你一个老师自己做的头套！我们再来倒着读一读，看着这幅图你能提出和 8、9 有关的问题吗？

师：你的问题提得真不错！把第二个头套送给你。那么谁会回答这几个问题呢？

(2) 教学比较 7、8、9 的大小

师：这里有几个？仔细观察。你能说一说这 3 个数之间的关系吗？

生：8 比 7 多 1 个，9 比 8 多 1 个。

师：真棒！来，第三个头套送给你。还可以怎么说？

生：7 比 8 少 1 个，8 比 9 少 1 个。

师：你说得真完整，说的快比老师还要好啦！（送出第四个头套）

(3) 教学 8 和 9 的序数含义

师：让我们一起掌声欢迎这些带着小动物头套的小朋友上台。一共有几只小动物？

师：老鼠排第 1，龙排第几？

师：你思路真清晰，说明你是很会思考的孩子！谁排第 9？你能像这样同桌间相互合作，一个提问一个回答吗？

师：小朋友们真了不起，会解决同桌提的问题。

师：你们都是小老师，他圈的对不对？能说一说你为什么这样圈吗？

生：我是从左边数，数出 8 只，然后把这 8 只全部都圈起来。

师：同学们善于倾听别人的发言，敢于提出不同的意见，老师真为你们感到高兴！

案例反思：课堂教学评价要适时适度。低年级的孩子由于他们的心理和年龄特征，评价过分强调频率高、次数多，既费时又效果不佳。因此，形成性评价一定要适时适度才更有效。

课堂中多采用生生自评，生生互评的评价形式。本案例教师说“你们做做小老师，同桌相互说一说。”这种同桌互评的环节以学生的发展为本，相信能使学生的学习潜能最大限度地得到发挥，使学生的素质得到相应的提高，互评习惯的培养是难能可贵的。

## 关键词 2

# 对话：让想象与创造成为主旋律

对话是以平等、互动、质疑、合作、创新为宗旨,基于师生相互尊重、信任等的立场,通过言谈和倾听进行的双向沟通、共同学习的教学方式。

在数学对话中教师与学生都是教学过程的主体,都是具有独立人格价值的人,因此创设民主、平等、和谐的教学氛围是数学课堂进行对话的必要前提。

对话应充满想象与创造。众所周知,叶澜先生的“让课堂焕发出生命的活力”已成了中国教育界深具感召力的声音和一致宣言。课堂是生命相遇、心灵相约的场域,是质疑问难的场所,是通过对话探求真理的地方。舒展学生的个性,让想象与创造成为课堂的主旋律是对话追求的目标,也是为最终实现学生的推理能力、空间观念等数学素养的持续提升。

### 一、师本对话:挖掘文本内在价值

师本对话是教师与文本、文本作者的对话。教学中,教师首先应深刻理解文本的内在价值,确定教学内容及重难点,积极探索蕴含在文本内容之中的数学思想与方法,设定合理的教学目标,选择有效的教学方法。

教师作为与文本平等的主体,有权利、也有资格带着自己的特殊体验和经验去解读文本,甚至对其进行质疑和批判,然后引导学生去理解和感悟文本。

### 案例 2-1　圆的周长

《圆的周长》青岛版三年级上册第八单元信息窗 1，新课的导入是选择用情境导入还是直接用旧知引出新知？两种方法都可以用，但效果必有区别。教材中用情境导入法，“每个花坛各需要多长的护栏呢？”这样的引入看似很自然，也有认知冲突。一经推敲发现，一是这种方法不太符合数学学科的本质特点，数学的学习并不完全是因为生活中产生了矛盾，也不完全是为了解决生活中的实际问题，研究圆的周长并不是因为无法测量了，才要研究计算方法的，即使每个圆的周长都是能测量的，研究计算方法也还是必须的，这才是数学学科的本质所在；二是这种方法明显过于繁琐，有舍近求远之嫌，简单的问题绕着圈子会浪费时间。所以，我认为用“你觉得还有什么知识是值得我们研究的呢？”这个问题来引入更直接，更有思考价值。

教学片断：

师：孩子们，我们已经认识了圆，今天这节课我们继续研究跟圆相关的知识，想一想：对于圆，你觉得还有什么问题是值得我们研究的呢？

生：圆的周长和面积。

师：为什么？你怎么会这样认为呢？

生：因为我们学过的长方形、正方形都研究了周长和面积。

师：很好！今天这节课咱们就来研究圆的周长。（板书课题：圆的周长）

儿童认识了圆以后，很自然地会想到圆的周长怎样计算，也应该想到圆的周长是值得、需要去研究的。所以有时候看似一个很能吸引学生兴趣的情境导入未必胜过由一个最简单、直接的问题导入更具有时效性和数学味。因此，教师作为与文本平等的主体，不断提升自己与文本对话的能力显得尤为重要。

## 二、生本对话：深刻解读文本内涵

文本它作为主体，满含着情感和体验，儿童有自由解读文本甚至去创生一个全新的文本的权利。

### 案例 2-2　百分数的认识

《百分数的认识》青岛版六年级上册第七单元信息窗 1，课前，老师请同学们收集生活中的“百分数”，说说这些百分数表示的意思；通过查找资料或请教他人自学百分数相关知识。在学生已有的知识基础和生活经验之上，走进学生的“最近发展区”可以有效地促进学生的发展。

自学反馈：

生 1：“我找到妈妈衣服商标上有‘成分：100％棉’。我认为这个“100％”是说这件衣服是全棉的，不含涤纶等等”。

生 2：“我知道了百分数也叫百分率，因为不能用百分数来表示一个具体的数量，只能用它来表示分率”。

生 3：“百分数通常不写成分数的形式，只在数字后面加个百分号”。

生 4：“百分数后面不带单位”。

……

生本对话中，学生一般阅历较浅，他们的感悟、理解也许比较肤浅，对于问题在思想认识上难免会出现一些障碍，那么，教师要善于敏锐地去察觉学生的这种感受与体验，在教学过程中为学生提供一个对话交流的基础，提供一个能充分体现和落实自主性、独立性、创造性的条件和空间。

## 三、师生对话：平等友好的成长伙伴

师生对话，追求教师与学生的平等对话。这是一种强调通过教师与学生的对话式的相互沟通，来达到学生自主和自由发展的教学。教师应该成为出色的主持、忠实的听众、友好的伙伴。

### 案例 2-3　9 加几

《9 加几》青岛版一年级上册第七单元信息窗 1，探索 9 加 6 的计算过程中，师生对话不单单指双方狭隘的语言谈话，还指双方的敞开和接纳，是对话双方共同在场、互相包容、共同参与的关系，这种对话更多的指相互接纳和分享。在对话中，只有双方充分进行精神的沟通，才是真正的对话，进而才能实现教学相长。

对话过程：

师："我们来看一下 9＋6 等于多少？先自己独立思考，当然你可以数一数，或者借助你手中的学具摆一摆，有了想法之后再在小组内交流一下。"

生："我是数一数，9＋6 伸出 6 个手指 10、11、12、13、14、15"。

师："噢，你是借助手指接着往下数一数"。

师："还有不同的方法吗？"

生："我是用摆小棒的方法。先摆 9 根（这 9 根表示……）再摆 6 根（这 6 根表示……）把它们合起来，再数一数 1、2、3、……"

师："小棒一直都是我们的好朋友，你很会交朋友。"

师："还有其他方法吗？"

生："我是先算 10＋6＝16，16－1＝15"

师："你很有自己的想法，这是我们数学上经常用的假设法。把 9 看作 10，先算 10＋6＝16，9 比 10 少 1，再算 16－1＝15。真棒！"

提问："还有吗？还有不同的方法吗？"

生："我也是摆小棒，先摆 9 根，再摆 6 根，6 借 1 根给 9 凑成 10，10 加 5 等于 15。"

师："你能不能上来给大家演示一下，一边演示一边说。"

师："你对他这种方法有没有什么疑问？"

生："为什么要 6 借 1 根给 9 凑成 10？"

师："我们一起动手再试一下，老师在黑板上摆，你们在下面摆，注意跟着要求做。先摆 9 根小棒，再摆 6 根，从 6 里面拿 1 根给 9，在算式中可以这样来表示 6 能分成 1 和 5，然后先算 9＋1＝10，再算 10＋5＝15。"

总结："今天，我们所学的这种把 9 加几转化成以前所学的 10 加几来计算的方法就叫'凑十法'。"

师："刚才我们算了 9＋6＝15，那谁来告诉大家 6＋9 等于多少？"

生:“15。”

师:“你是怎么知道的?”

生:“交换两个好朋友的位置,得数不变。”

师:“你真会用旧知识解决新问题,这是一种很好的解决问题的策略。”

从上面的师生对话中,教师以个体独特的魅力去感染学生,通过不断引导学生去思考问题,并且及时帮助学生进行问题总结,引导学生发现学习策略与技巧。同时,在对话中体现出师生对话应在平等、开放的环境中彼此敞开。在这个案例中,教师通过引导学生动手操作,把对话的课堂还给学生,从而展现出对同一个问题学生思考的不同层次水平,进而在师生的互动中,生成了更多的教学资源。教师给学生更多的思考和合作交流时间,为学生创造了一个可以自由想象、自由表达的氛围,在这样的环境中激发了学生的学习兴趣、引起了学生主动参与教学的意识,而且在合作讨论的过程中,彼此互相影响,对缺乏学习动机的学生可提供更多的学习机会,使课堂更加充满活力。

## 四、生生对话:化差异为发展资源

组织学生与同伴进行平等对话是一种学生之间的互动交流过程。

研究表明,学生是有差异的,注重学生之间对话的平等,是十分必要的。弗莱雷曾指出:“没有了对话,就没有了交流;没有了交流,也就没有了真正的教育。”生生对话有利于相互学习,实现再创造。

生生对话是教学中宝贵的教学资源,是评判教学活动成功与否的重要因素。在课堂教学中,学生是否有足够的独立思考时间与合作交流时间,是教师应考虑的重要问题。因为,学生之间在合作、讨论的过程中,在说服同伴的同时,自己也进行着不断的思考。

### 案例 2-4 除数是整数的小数除法

《除数是整数的小数除法》青岛版五年级上册第三单元信息窗 1,知识不是由老师教授的，而是学生在自主探究的过程中、在讨论交流的过程中体验得到的，可以提升计算能力。

对话过程：

“9.84÷3 的商是多少呢？”

出示探究提示：(1)先独立思考，把你的想法写在研究报告单上，可以借助图形把想法表示出来。(2)完成后与小组同学交流自己的想法。

生 1：“把小数除法转化成整数除法来算，利用旧知识解决了新问题”。

生 2：“借助图形演示理解算理，理解商的小数点为什么要点在“3”的后面？”

生 3：“写出竖式 9.84 除以 3，先把 9 个一平均分成 3 份，每份分得 3 个一，所以在个位上商 3，3 乘 3 等于 9，9 减 9 等于 0，表示 9 个一分完了；再把十分位上的 8 落下来，8 个十分之一平均分成 3 份，每份分得 2 个十分之一，所以在十分位上商 2，用 2 乘 3 等于 6，8 减 6 等于 2，还余下 2 个十分之一。在 3 的后面点上小数点就能看出 2 是在十分位上了。余下的 2 个十分之一和百分位上的 4 个百分之一合成 24 个百分之一再平均分成 3 份，每份分得 8 个百分之一，所以在百分位上商 8，用 8 乘 3 等于 24，24 减 24 等于 0，表示全部分完了。所以这道题的商就是 3.28”。

生生对话可以帮助儿童获得行为方式和思想上的交流，从而渐渐培养起学生沟通、辩护、合作的技巧。生生对话的直接结果就是他们在“学会”的过程中学会了“会学”，真正实现“授之以鱼”向“授之以渔”的转换。

### 五、自我对话：让反思成为提升的契机

自我对话，学习过程中学生的自我反思。反思贯穿于课堂教学的全过程，是运用原有的知识来获得新知识的过程。一方面鼓励儿童自我反思，另一方面，引导他们在交流中学会倾听，认真听取别人的意见，把别人的数学思考方式、方法整合到自己的认知结构中。只有这样，才能提高自己的数学思考能力，改进自己的学习方法。

## 关键词 3

# 深度:导向高阶思维的深度学习

深度,是孩子们在老师的引领下,围绕具有挑战性的学习主题,全身心积极参与、体验成功、获得发展的有意义、深层次的学习,是一种导向高阶思维的学习,直抵灵魂的学习。

"深度学习"旨在学习过程中加强重点概念在学科内的纵向关联和跨学科的关联,建立民主、平等的师生关系,促进儿童自主、合作、探究学习方式的真正落实,让儿童学会学习,真正做到学思结合。

深度学习不仅指向教师的深入钻研,更注重学生的深层探究。我校数学组教师在备课中,深挖教材知识,整合教材,串联知识点,让孩子们的学习能够"瞻前顾后",学到的知识由点及面、关联而不孤立。同时,老师们注重调动学生的多种感官,通过设置翔实有效的问题,引导孩子们通过动手操作、小组合作学习等方式,让孩子们的探究更加深入。

教师引导儿童通过信息加工、思维激活、体验强化、领悟深入的综合性过程,把学习的原始信息不断优质化,转化为每个儿童头脑中的个性化知识体系。并让儿童能够在知识间进行联系、迁移、整合,并进行决策和解决问题。比如我校万建健老师在执教《除数是整数的小数除法》时,引导孩子们深入分析情境信息,引导孩子们通过数形结合,初步思考小数点的位置;然后,万老师出示了层层递进的三个小练习:6.42÷2,43.2÷6,89.52÷8,让孩子们加强体验小数点的位置;最后,万老师又通过2.5÷5和

6.4÷5 两个题，让孩子们深入领悟除数是整数的小数除法的计算方法。万老师在执教过程中，注重知识之间的联系、迁移和整合，让孩子们能更好地解决问题。

“深度学习”还体现在学校全体数学老师的教育机智中。老师们通过深入的备课，充分预设孩子可能出现的各种问题，深入追问，让课堂生成再作用到课堂中，让孩子体验做课堂的主人，体验成功的乐趣。

学科德育纲要指出：数学德育的四大范畴之一就是思维严谨，养成做事条理分明、严谨细致、一丝不苟、严肃认真的个性品质。

教师的深度思考，深度备课，更有利于孩子在课堂上积极地思考，提高了孩子的学习效率，激发了孩子的学习兴趣。

## 案例 3-1　一道练习题引发的思考

最近，我校青岛版小学数学的课堂教学，学生正在学习公因数和最大公因数。其中，信息窗 2 中的自主练习 3，引发教研组进行了一场大讨论。

用这两种花搭配成同样的花束(正好用完，没有剩余)，最多能扎成多少束？

问题的焦点集中在：为什么这类题目就是求最大公因数？怎样让学生理解求“最多能扎成多少束”就是求“最大公因数”呢？总不能直接告诉学生：这就是求“最大公因数”的题目吧？

热烈地讨论，进一步引发了老师们的思考。左思右想，最终选取了一条捷径：放手让孩子们做一做。不是说：老师讲千遍，不如孩子做一做吗？于是，课堂中确定了以下几步：首先，把数字变小，便于操作；其次，就地取材，省时省力；最后，创编一个小的情境串，让孩子经历知识形成的过程。这些都准备充分后就上课。

课的伊始，教师创设了这样一个情境：读书节期间，为了表彰“读书明星”，学校为每个班准备了6支钢笔和4支铅笔,想要搭配着发给“读书明星”。如果每个同学分得同样多的笔,而且正好分完,没有剩余。最多可以分给几个同学呢?一石激起千层浪,学生们开始七嘴八舌地发表自己的意见。

教师通过深度备课,根据学生的学情,积极调整教学设计,引发孩子们深入思考,让思想的火花在课堂上碰撞。

### 案例3-2 探究体验,提高学生的运算能力

在数学学习中,学生应当有足够的时间和空间经历观察、实验、猜测、计算、推理、验证等活动过程。数学学科教学主要通过习题演算、讨论交流、合作探究等活动进行,侧重于逻辑推理、实践反思、数学审美与道德品质的统一。在计算教学中,我们要善于引导孩子在解决实际问题的过程中通过自主探究、合作交流等活动理解算理,掌握计算方法,提高孩子们的运算能力。

在提高孩子们的运算能力的教学中,万建健老师通过设置教学内容和孩子内在需求的“不平衡”,激发孩子去主动探究,为孩子提供自主探究的空间,并让孩子通过独立思考、小组合作探究理解算理。在第一次探究遇到困难时,适时引导孩子进行第二次探究活动,借助图形分一分的演示过程进一步理解算理,明确商的小数点究竟应该点在哪里,有效地突破了教学难点。

教学片段:

师:“想一想怎样用图形表示出9.84?”(教师引导学生从计数单位的角度表示出9.84)

师:“9.84怎样平均分成3份呢?小组内交流一下,怎样一边分一边结合竖式说清楚计算过程,组长做好分工准备全班交流。”

小组利用老师为他们提供的学具分一分,说一说。

生:“先写出竖式9.84除以3,先把9个一平均分成3份,每份分得3个一,所以在个位上商3,3乘3等于9,9减9等于0,表示9个一分完了;再把十分位上的8落下来,8个十分之一平均分成3份,每份分得2个十分之一,所以在十分位上商2,用2乘

3 等于 6,8 减 6 等于 2,还余下 2 个十分之一。”

师:“现在这样写能看出 2 是在十分位上吗？那应该怎么办?”

生:“应该在 3 的后面点上小数点。”

师:“对,在 3 的后面点上小数点就能看出 2 是在十分位上了。”

师:“余下的 2 个十分之一再怎么分?”

生:“余下的 2 个十分之一和百分位上的 4 个百分之一合成 24 个百分之一再平均分成 3 份,每份分得 8 个百分之一,所以在百分位上商 8,用 8 乘 3 等于 24,24 减 24 等于 0,表示全部分完了。所以这道题的商就是 3.28。”

教师适时引导学生提升数学方法：数形结合。

师:“现在你知道商的小数点为什么点在 3 的后面了吗?”

生:“小数点点在 3 的后面是为了区分个位和十分位。”

孩子在这种积极的情感中对数学产生亲近感,感受到学习数学的乐趣,进而产生了自主探究新知的强烈欲望,既能化解数学学习的难度,又能在成功体验中获得自信。然后通过分析、讨论等活动,让孩子在充分体验的基础上,初步理解小数除法的算理,从而提高孩子的运算能力。

作为教师,我们应该深入钻研教材,探索与之相适应的教学方法,把提高运算能力的任务落实到具体的教学过程中,逐步提高孩子的数学能力。

## 关键词 4

# 灵活：在多变中体验学习的味道

灵活，就是敏捷、不呆板。古人云，“条条大路通罗马”、“教学有法但无定法”。到目前为止，在众多的教学方法中，还没有一种教学方法适合不同的教材和孩子。这样，我们就要根据教材特色、儿童的身心特点和认知规律等方面的因素，采用灵活的教学方法，从而达到学生全面发展的目的。

灵活的教学方法是我们“趣味数学”的一个重要的组成部分。如果老师的教学方法还是单一的、枯燥的、无趣的，他们就会觉得学习数学没有太大的作用，不知道如何将数学知识和现实生活联系在一起，不知道如何把学到的数学知识应用到实践当中。要想解决孩子的这些问题，就必须使他们有更多的机会从周围熟悉的事物中学习数学和理解数学，体会到数学就在我们的身边，感受数学学习的意义，体验数学本身的魅力。而老师在整个教学过程中，需要采取灵活多变的教学方法，充分调动学生的积极性、主动性，提高课堂教学艺术。

### 一、倡导数学与信息技术的整合，改变传统教学方式

教育心理学研究指出，仅有看或听的记忆率远远低于多种感官并用的学习效率。信息技术利用文字、实物、图像、声音等多种方式向孩子传递信息，能充分调动孩子积极性、激发他们的求知欲、活跃他们的思维。多媒体课件在教学中既可

以改变传统的课堂，第一，它声像兼备，既直观又生动，能够引起学生浓厚的学习兴趣；第二，它能够较好地模拟动态过程，有助于学生对抽象概念的理解和掌握。也可以用于课外辅导，例如微课的普及。它所显示出的这些巨大优势往往令常规教学望尘莫及。例如，教师希望引导学生发现三角形面积公式的推导过程，教师用学具演示时，强调学生不要讲话，仔细看老师动手操作的演示，可是课堂上还是有学生注意力不集中，心不在焉；可当老师说看电脑时，全体学生的注意力都放在了电脑屏幕上，认真看课件的演示，从而明白了平行四边形面积的一半就是三角形的面积。使学生在结合教师说明的同时，很快明白了三角形面积公式的推导过程。

## 二、关注每一位儿童，让学生获得成功的体验

在平时的教学工作中，有些老师，为了能按时完成教学任务，整堂课只是提问几个愿意回答问题的孩子，其他大部分孩子被冷落，这样，后者就体会不到成功的喜悦，长期下去，势必会使他们产生厌学情绪。要想调动全体孩子的积极性，就必须采用民主的手段，关注每一个孩子，使人人都获得成功感。正所谓，获得成功是引发兴趣的直接动力和因素。通过这种民主的教学方法，使学生能在愉悦的学习氛围中，充分发挥创造性思维，取得较好的教学效果。比如在教学“用 9 的口诀求商”时，要复习“9 的乘法口诀”，教师让学生用“9 的乘法口诀”编除法算式。学生热情极高地编起算式来，其中，一个学生说 3÷9，该生刚说完，其他学生都喊起来：“老师，他编错了。”这位同学难过地低下了头，羞得快要哭了。这时，教师走到那位同学身边，轻轻抚摸他的头说：“同学们，其实他很了不起，这道题他没编错，只是要等到我们上六年级的时候才会做呢！”（同学们都很诧异，过一会，教室里响起热烈的掌声，这位同学也慢慢抬起了头）正是教师轻轻的抚摸、充满赞赏的鼓励在该生的内心激起波澜，使他重新找回了自信。正是老师灵活机智的教学，才激起了学生后续的动力，才使课堂焕发生命的活力。

## 三、让学生成为学习的主人,教育学生“会学”

叶圣陶先生曾经说过,教是为了不教。要达到“不教”的目的,就要让学生学会学习。但是,一般教师只重视教法的研究,而忽视学法的指导。教师把课堂看成是自己在表演,表面上看来很活跃,其实学生并不懂得如何去学习,这样教学的效果也就不大了,对学生的继续教育和终身教育也都不利。随着知识的不断更替,技术的不断革新,学生不可能在学校学成他一生中所需要的全部知识。人需要经常地学习,不断提高自身的整体素质,才不至于在社会竞争中处于劣势。因此,教学的任务不仅仅是让学生“学会”,更重要的是要让学生“爱学、会学”,让学生通过教师的学法指导,把知识转化为技能,促使教学达到“教是为了不教”的境界,从而大大提高学生学习数学的能力。例如:关于分数解决问题的教学:饲养小组养的白兔和黑兔共有18只,其中黑兔的只数是白兔的1/5,白兔和黑兔各有多少只?教师在教学过程中惟恐占据学生的时间,不敢多讲话,不敢评论,充分发扬民主,由学生解,由学生讲,让学生把各种解法都搬上了黑板。课堂气氛十分活跃,最后,老师起主导作用,对本题“一般性”解法进行总结性的归纳,对“普遍性”的解题原理进行概括。

### 案例4-1　课堂40分钟,你带给孩子些什么?

踏上工作岗位仅仅两个月时间,我从孩子身上学到的东西远超于从理论课本上获得的知识。作为一名刚刚入职的数学教师,在课堂上,我教给孩子的大多是提前备好的课,固定的解题步骤以及千篇一律的数学思维。然而,两个月里,在我的数学课堂上,无数次孩子的想法、孩子的意见、孩子表达的东西都让我眼前一亮。

在给出孩子要求:说说得数是9的算式,在对加法有很深认识的基础上孩子们会很快地用加法来列出算式,比如$1+8=9$、$2+7=9$…当我找一个孩子起来继续列算式时,一个孩子列$10-1=9$,我问孩子们这样对吗?孩子们静静地在思考,最后眼睛一亮说对。孩子把自己的想法认真思考后充分展现出来,再在我的讲解下明确要点并恍然大悟，而我彼时也好似经历了一场思维的洗礼，不由地在讲台上笑了起来，被孩子们看到，也跟我哈哈笑了起来。

通过对一年级学生的观察，我发现学生的思维更加天真，没有被条条框框所束缚，这种纯净的思维让我舍不得去对它加以圈圈点点。同样，从孩子们身上汲取到如此活力天真烂漫的思维，也让我时常对生活，对工作都报以年轻的心态，积极地来面对一切。因此，我更希望他们在我的课堂上畅所欲言，在有了一定的规则的基础上充分发挥他们的思维，让思维与思维碰撞。思维的碰撞才能产生新的知识火花，孩子们通过思维流的交汇，成为会思考，能交流，多知的学生。

一节课 40 分钟，能够带给学生些什么？学生在每个年龄段理解问题的深度和方向都是不同的，随着年龄的增长和知识的累积，学生对问题的理解也会随着体验慢慢有所改变。所以，我更希望让孩子在一节课的时间里会思考、勤思考、善思考，一段时间过后，他们会忘记这道题，可是却忘不掉这段思考。让学生在课堂里学会思考，达到课堂效益的最大化，恰巧体现了对学生灵活思维的培养，真实而贴切。

# 第三章　享受英语

让学生享受英语学习的乐趣，让学生快乐地跨进英语的殿堂，让学生主动地、自觉地参与到英语学习过程中来，在学习过程中充分表现自我、完善自我，是英语课堂教学的必然选择。英语教师要树立“享受语言”的学科价值观，让学生快乐地学习英语、享受英语学习的魅力。

- 关键词 1　体验：接近生活的真实语言环境
- 关键词 2　丰富：输入多样丰富的课程资源
- 关键词 3　灵动：焕发学生思维活力的乐园
- 关键词 4　多元：融过程与结果的学习评价

小学阶段英语课程的总体目标是培养学生初步的综合语言运用能力，并通过英语学习促进学生的心智发展，提高学生的综合人文素养。

英语学科的核心素养包括语言能力、思维品质、文化品格和学习能力四个方面。语言能力，指在一定环境下，通过语言来理解和表达思维意识的能力。涉及语言知识、语言意识和语感、语言技能、交际策略等等；思维品质，指个人的思想特征、思维方式，反映出其逻辑性、批判性、创造性等方面的水平和特点。包括分析、推理、判断、理性表达、用英语进行多元思维等活动。文化品格重点在于理解各国文化内涵，能理解并尊重文化差异。学习能力，指学生主动拓宽学习渠道，积极调适学习策略，努力提升学习效率的能力。主要包括元认知策略、认知策略、交际策略和情感策略。语言能力、文化品格、思维品质相互影响、相互支撑，相辅相成。学习能力则贯穿于英语教学的始终，为前三者提供支持，同时语言能力、文化品格、思维品质又能在一定程度上助推学习能力提高，对英语学科核心素养的形成起到关键作用。

基于英语学科核心素养，结合我校实际情况，为使师生快乐地学习英语，体验英语学习带来的乐趣与成就感，提高语言学习综合能力，我校提出“享受英语”的学科教学价值观。

享受英语，就是让学生享受英语学习的乐趣，旨在以兴趣带动英语学习，让学生能快乐地跨进英语的殿堂。在培养学生英语核心素养的要求下，利用多元教学手段，创设快乐环境，激发学生学习英语的兴趣，让学生主动地、自觉地参与到英语学习过程中来，在学习过程中充分表现自我、完善自我。《小学英语新课程标准》指出：学习英语能帮助孩子们形成开放包容的性格，发展跨文化交流的意识与能力，促进思维发展，形成正确的价值观和良好的人文素养。我们英语教师在英语教学中要树立享受语言学习的学科价值观,引领学生快乐地学习英语、享受英语学习的成功与魅力。通过多彩的课堂学习与教学活动,培养与发展学生的英语核心素养。

课堂应是一个快乐的地方。因此,在英语教学中,我们确立了以"体验、丰富、灵动、多元"为英语教学学科关键词,运用各种教学手段,创设快乐环境,激发学生学习的积极性,让学生主动地、自觉地参与到英语学习过程中来,使学生在轻松愉快的活动和氛围中不断提高学习兴趣和语言运用能力,在学习过程中充分表现自我、完善自我,从而打造高效优质课堂。

## 关键词 1

# 体验：接近生活的真实语言环境

体验，就是让学生在主动积极的思维和情感活动中，加深理解和体验，有所感悟和思考，受到情感熏陶，获得思想启迪，享受审美情趣，同时，要珍视学生独特的感受、体验和理解。

英语学科核心素养的核心在于：在社会情境中，培养学生借助于语言以听、说、读、看、写等方式理解和表达意义的能力。这就要求我们老师鼓励学生通过体验、实践、讨论、合作、探究等方式发展听、说、读、写的综合技能，倡导体验、实践、参与、交流与合作的学习方式，强调学生能用英语做事情，将英语课程提高到对学生整体素质的培养的高度，使学生既有较强的英语语言运用的能力，又有自主学习能力和良好的个性品格。而体验最真实有效的方式就是给学生创设各种情境，让学生在真实的语境中去运用所学知识，不断提高语言表达能力。

在培养学生英语核心素养的要求下，教师利用多元教学手段，创设快乐环境，激发学生学习英语的兴趣，让学生主动地、自觉地参与到英语学习过程中来，在学习过程中充分表现自我、完善自我。《小学英语新课程标准》指出：学习英语能帮助孩子们形成开放包容的性格，发展跨文化交流的意识与能力，促进思维发展，形成正确的价值观和良好的人文素养。可见，通过英语教学可以培养学生良好的文化品格和思维品质。因此，我们英语教师在英语教学活动中要利用多种教学模式让学生快乐地学习英语、享受英语，通过在情境中体验英语、运用英语，培养学生英语核心素养。

## 一、创设教学情境，表演中体验

孔子说："不愤不启，不悱不发，举一隅不以三隅反，则不复也。"孔子的这段话，在肯定启发作用的情况下，尤其强调了启发前学生进入学习情境的重要性，所以良好的教学情境能充分调动学生学习的主动性和积极性。启发学生思维、开发学生智力是提高英语教学实效的重要途径。

在教学中，教师不可能将真实生活中的情境搬入课堂，但能模拟真实情境，创设接近生活的真实语言环境，让学生在真实的情境中体验英语，这有利于学生理解和掌握对话内容。

### 案例 1-1

新标准英语一年级上册 **Module 3** Unit 1 Activity 2 的课文表演，让一个孩子表演小老师"Ms Smart"，让另一个孩子表演小鸟飞进教室，"Ms Smart"喊真实的小朋友名字："...... stand up". 小朋友："Yes, Ms Smart ..."然后做动作，其他小朋友都与小鸟对话："Hello, bird, what's your name ?"小鸟："Tweet-tweet ..."学生在这种情境体验表演，带动了思维的活跃，会更加深刻地理解文本，同时孩子们的自身修养也得到了提高。

### 案例 1-2

新标准英语四年级上册 **Module 7** Unit 1 Activity 2 的课文模拟表演，把教室的一角布置成一个小卧室，小组内的每个成员扮演其中的一个角色，大家围绕 Amy 丢掉了自己喜爱的洋娃娃的情节展开丰富有趣的表演。尤其是找到洋娃娃的这一环节的表演，Lingling："Who's crying ?" Amy："My baby doll ! Where is it ?" Lingling："Stand up , Daming."把故事推向了高潮。这样，大家把由一开始脸色紧张、担心到最后意外找到洋娃娃的喜悦之情表演得淋漓尽致。

教师通过这样情境的创设，给学生提供了较真实的语言环境，使学生都能非常感兴趣、积极、大胆地说英语，尽情地体验学习英语的快乐，并且几乎把自己的"绝活"都"show"出来，提高了他们综合语言运用能力，而且通过这个教材，教师引导了学生树立正确的人生观、价值观和世界观。

## 二、多样沙龙活动，交流中体验

德国一位学者做过一个这样的比喻：将 15 g 盐放在你的面前，你是无论如何也难以下咽，但只要将 15 g 盐放入一碗美味可口的汤中，你便早在享用佳肴时，将 15 g 盐全部吸收了。盐好比英语知识，汤好比真实情境，学习英语知识也是这样的道理，如果学了英语而没有真实的环境去体验，英语语言就无法显现出它的"美味"。虽然我们中国孩子学英语没有真实的语言环境去体验，但我们教师可以想方设法创设一些英语交际的场所，给学生一些体验的平台。我们学校通过每周三下午的室外英语沙龙活动，给学生提供一个良好的语境，这样，学生在教师的鼓励指导下，通过体验、实践、参与、探究和合作等方式，就会把学到的知识有效内化，并且获取成功体验。同时，这使学生在体验中发现语言规律，逐步掌握语言知识和技能，不断调整情感态度，形成有效的学习策略，并发展自主学习能力。

案例 1-3

新标准英语五年级上册 **Module 3** Unit 1"Today is Halloween."的故事表演，学生会课下上网查阅有关万圣节的习俗，小组内分工准备万圣节的道具，然后自己在沙龙场所的一角布置场景进行表演体验。你绝对想不到孩子们的想象力和创造力，他们完全超出文本知识，在原有知识的基础上进行拓展。孩子们戴上各种道具，语言表达流利，模仿逼真，把万圣节表演得惟妙惟肖，就像是穿越到了西方国家。这样，学生自创情境，自己设计表演，使学到的知识得到了有效的运用和巩固，同时，学生在这种自创的快乐情境中体验英语，提升了自己的文化品格。

### 案例 1－4

新标准英语五年级下册 **Module 6** Unit 1“You can play basketball well.”学生把表演的场所搬到了篮球场地，大家邀请 Lingling 打篮球比赛，Lingling 说自己打不好，Sam：“Lingling，can you run fast ?” Lingling：“No，I can't .” Amy：“But you can jump really high !” Lingling：“That's true!”在大家的鼓励下，Lingling 加入比赛，而且表现非常出色。在这样一个真实的情境中表演大家喜欢的活动，孩子们的积极性很高，他们体验了学习英语的成功，感悟到学习英语的现实意义，同时使他们的情感也得到了很好的提升。

## 三、走出课堂，运用中体验

现在外语教育注重学习的过程，主张学生在语境中接触、体验和理解真实语言，并在此基础上学习和运用语言。英语课程提倡采用既强调语言学习过程又有利于提高学生学习成效的语言教学途径和方法，尽可能多地为学生创造在真实语境中运用语言的机会。英语学科核心素养其中一个要素是学习能力，就是指学生积极运用和主动调适英语学习策略，拓宽英语学习渠道，提升英语学习效率的意识和能力。英语学习渠道的拓宽对提高英语学习效果很重要，对发展自我学习能力更加重要。在教学中我们引导学生由课内走向课外，由学会知识到实际体验知识。

我们学校每年一届的英语节有一个英语视频比赛活动，这样，我们鼓励孩子自己去寻找一些英语交际的实际场合的机会，比如西餐厅、英语广场等外国人多的场所去与外国人交流。在孩子们去这种英语场合交流体验时，家长们需要把他们的这种真实的交际录制下来制成微视频相互分享，并且带到学校中去比赛。通过这样的体验活动，使孩子们的英语学习更加高涨，促使孩子们多参与这样的体验学习，真正做到用中学，学中用。

总之，在英语教学过程中，我们学校教师会根据不同的教学内容灵活地设计各种不同的情境，促进学生思考，让学生从不同的角度进行学习，使不同程度的学生都会有适合自己学习成长的语言天地，使学生真正体会到学习英语的快乐！

关键词 2

# 丰富:输入多样丰富的课程资源

丰富,语出汉贾谊《新书·大政下》:“政治,然后民劝之;民劝之,然后国丰富也。”

《小学英语新课程标准》指出:语言学习需要大量的输入。丰富多样的课程资源对英语学习尤为重要。英语课程应该根据教和学的需求,提供贴近学生、贴近生活、贴近时代的学习资源,创造性地开发和利用现实生活中的英语学习资源,积极利用音像、广播、电视、报纸杂志、网络信息等,拓展学生学习和运用英语的渠道。

## 一、以音乐丰富课堂——让英语知识变得灵动

音乐歌曲是一种语言,它是用来表达思想感情的特殊艺术手段。洛扎诺夫在他提出的暗示教学中就特别强调音乐的作用,他认为,当我们舒舒服服坐着听音乐时,尽管身心特别松弛,但在我们身上却同时展开着大量的生理、心理活动,这时候,精神状态在形成,自由联想在奔驰,观念、情绪在起伏,创造力在活跃。这时候学到的知识特别牢固、特别持久。根据实验获得的结果表明,有音乐伴随的教学和没有音乐伴随的教学相比,前者比后者记忆有效率高 2.17 至 2.50 倍,由此可见音乐对于语言学习的重要作用。再言之,歌唱和说话的生理机制是相同的。两者都需要气息和口腔的共鸣。而歌好听是因为它有良好的气息调节和口腔发声的技术处理。从心理上来看,唱歌是以听觉感知为主的形象记忆。歌词和旋律可激发人的情绪和想象力,因此又有助于情

绪记忆。而少年儿童的记忆特点是：形象记忆和情绪记忆要先于词语——逻辑记忆。所以，歌曲教学非常受学生的欢迎。为此，教师常常在课前用欢快的英语歌曲作为学习的热身；在学习完一个阶段的英语知识后，通过课本中配附的歌曲或自编歌曲将已学知识谱入其中，让学生随着熟悉的音乐旋律练唱，唱的同时既是对已学知识的复习亦是巩固。比如教学身体部位后，让学生熟唱英语儿歌“head, shoulders, knees and toes”后再教会他们唱课外歌曲“clap your hands”，这样以唱激趣，用歌促学，使学生熟练掌握了单词。

## 二、以绘画丰富课堂——让英语知识变得形象

心理专家指出，绘画游戏不但能帮助儿童宣泄不良的情绪，还可以满足儿童在动作上自然发展的需求，培养其独立性、良好的操作态度及习惯，以提高他们的学习信心，陶冶优美的性情，增强儿童发表、创造、审美与欣赏的能力，并能扩充其生活经验和活动力。另外，儿童在绘画创作过程中，往往对涉及的问题更加敏感，对生活更加热情，使他们觉得生活更亲切、更有趣，并能从中体会到自己的作用和力量。同时绘画需要他们的专心和耐心，这对培养孩子的品质和个性有很大帮助，因此，绘画创作是发展儿童创造能力的最佳手段。经笔者多年研究发现，通过绘画能使学生有效地掌握好英语知识。在英语教学中，有了画的加入，字母也变得活了起来，单词也能变成学生所喜欢的具体物品或他们的想象物。在教学中，常常让学生在每个单元的学习前完成一个绘画任务，布置学生将与课文内容有关的物品或是一个主题画成一张画，但不规定他们使用何种颜色或依照某种形式。在新单元的学习到来前，学生展示的是一幅幅充满天真、稚气而又充满想象力的画。学习之后，让学生根据已学相关知识，给绘画加上英语标题，随后教师又从这些画中选出优秀作品加以表扬并将其贴到教室的英语角，不仅增强了学生自信心又给了他们学习的动力。这样一来，学生为了学习而画，又因画而学到了知识，创造力得到很大的发展和展示，并且在这个过程中形成了良好的习惯和优良的品质。

## 三、以游戏丰富课堂——提高学习效率

皮亚杰根据他对儿童思维机制和结构的大量实验研究,把儿童的思维发展分为感觉运算、前运算、具体运算和形式运算四个阶段。他指出,在小学低年级,教师通过游戏、观察、讲故事等形象性强的活动有利于小学生学习抽象符号,促使小学生的思维由低层次向高层次发展,英语这一语言符号体系的学习更需要游戏活动的渗透。游戏本身除具有娱乐功能外,也具有学习功能;游戏是儿童认识、理解和掌握世界的独特方式。教学游戏是英语教学中人为创造语言环境的教学形式。它不仅让学生在轻松和谐的气氛中学习英语,而且还是培养学生的纪律性、组织性、责任心和集体主义精神的一种手段。游戏通常用于对所学材料的巩固,它帮助教师将单调乏味的复习巩固活动变得生动有趣、引人入胜。

## 四、以 tpr 丰富课堂——提高教学的互动性

在英语教学中,tpr(它是指全身反应教学法,是加州心理学家詹姆士博士提出来的)教学法常被应用。tpr 教学法的优势是强调身体的互动性、教学的生动性,以便让孩子在游戏中学习,使英语生活化,同时也可以更好地激发孩子对英语学习的浓厚兴趣。

以“听-做动作”为主要教学组织形式是 tpr 教学法最明显的特征。在学习过程中,教师用目标语发出指令,先自己做,等学生能理解后,让学生完成动作,然后边说边做。开始,教师通过说“跟我做”游戏,让学生一起做动作,这样可以使学生理解指令与被期望的动作之间的关系,并准确做出相应的动作。然后,学生两人一组,先由一名学生模仿教师发布指令,另一名学生根据他的指令做出相应的动作。之后,两人调换角色,继续做练习。起初,指令较简单,往往是单一动作,然后,很快发出几个连续的动作指令(这时调动初学者的学习兴趣非常重要)。如:“point to the door, stand up, sit down.”逐渐过渡到比较复杂的指令,有时还包括一些想象的情节,如:“now you are

Amy，please introduce yourself，Ok?”

## 五、以故事表演丰富课堂——培养学生创新精神

故事教学法让学生把英语的字、词、句放在生动的故事中学习，在听故事的同时听英语，在讲故事的同时学说英语，故事中动人的情节不仅吸引了他们，同时也极大地激发了学生学习英语的兴趣。只有调动了学习英语的积极性才能真正做到把教学内容与学生的兴趣点结合起来，学生才能因为教学内容的吸引而兴奋起来，所以学习热情和兴趣是最好的老师。故事能极大地激发小学生的学习兴趣和学习动机，使他们在学习过程中发展综合语言运用能力，培养创新精神。故事教学能使小学生置身于虚拟的世界中，能促使小学生超越现实时间的藩篱，为小学生开展各种角色的扮演活动提供广阔的空间。小学生的好奇心强，表现欲旺、什么都想体验、实践。通过这样的活动，使不同层次的学生都得到相应的提高和发展，从而使学生更清楚地理解对所学语言的运用，进行语言的内化输出。例如，小学英语（pep）四年级上册，unit 6，学生在学完“mouse，zebra，elephant tall short”等单词后，让他们看图听英语故事（有些内容学生能听懂，另一些内容学生还不会运用）。讲完故事后教师适当提问："what can you see?”有的学生就试着用“I can see a mouse.”来回答。教师用这样的方法诱导学生接受新知识，锻炼他们用英语思维的能力。听说能力提高的起点也在于故事性教学，如何巩固、灵活运用课本知识、并以课本内容为主题扩展学习面，扩大词汇量、句型量以提高听说能力，同时充分发挥学生的自主学习能力、合作能力、交际能力和创造能力，扩展故事部分的学习效果是关键。

总之，英语教学中，我们努力做到尊重学生的认知规律，体现学生的主体地位，提高学生的自主学习能力，课堂上鼓励孩子大胆开口说英语，用英语着重培养学生的综合语言运用能力。相信，只要我们坚持不懈地探索，在改革中不断完善，在完善中不断创新，让每一节课都精彩不断，每一位学生都能收获满满，享受英语，享受学习。

## 关键词 3

# 灵动:焕发学生思维活力的乐园

灵动,有“活泼不呆板,富于变化”的意思。英语教学应当是一种动态的生活,是一种动感的世界;英语课堂应该是一个活动的场所,是一个活泼的乐园。可以这么说,“动”是英语教学的生命,“灵”是英语课堂的核心。所以,只有追求“动”,才能打造出精彩的英语教学生活;只有讲究“灵”,才能创造鲜活的英语课堂生活。

灵动的课堂教学就是一种鲜活、生动、高效又富有活力和创造性的课堂教学。就是让孩子“自然地学习成长”,少一些老师的“塑造”,多一些学生的“自主”,以“静待花开”的心态,培养出“个性灵动”的时代儿童。更为重要的是“灵动”还是这种教学模式下课堂状态的追求目标。灵动的课堂是和谐的课堂,是充满活力的、激情奔放的课堂,是闪耀着师生智慧光芒的课堂。教师在教学中积极构建灵动的课堂,关注课堂中个体的精神状态,关注学生主体的情感需求,着力建构开放的、充满灵动的课堂运行体系,以激发学生求知欲,开启学生在课堂上的活力,达到新课程所倡导的让课堂活起来的效果。让学生把学习看成是一件乐事,当成是一种享受,使课堂教学成为焕发小学生生命活力的殿堂!

我校英语学科灵动课堂的发展重点是培养学生积极主动参与学习的能力,提升高阶思维品质的能力。具备良好的思维品质是学生进行口语交际、书面表达运用的基础,英语教学应重视发展学生在真实语境中运用英语的能力,从而更好地服务于“交际运用”这一英语教学目标。

教师应教会学生通过活跃的思考去寻找最佳的结论。课堂目标的实现很大程度上取决于学生具有怎样的思维品质。平时在课堂上只有最大限度地开发学生的思维空间，培养学生良好的思维品质，才能使课堂“静”中有“动”，使课堂“活跃”有实效，教育教学效果更好。

## 一、灵动思维，各美其美

（一）学会“留白”与等待，培养学生思维的深刻性

教师有意识的“留白”与等待不仅可以调节课堂的气氛，更重要的是给学生思考的时间，使他们的思维向纵深发展，以培养学生思维的深刻性，这表面的停滞下涌动的是学生跳动的思维。这段时间是真正属于学生自己的，学生的主体性也正是在这时得到了真正的体现。英语教学中的一些知识仅凭老师的讲解、学生被动接受是很难取得成效的。教师应该科学地设计一些问题，并进行“留白”，适当地等待，努力促进学生去主动地参与思维，并让他们深入思考问题。

案例 3－1

**Book 7 Module 2** Unit 1〈I helped my mum.〉

T：“Daming cleaned his room. He finished his homework. He washed his trousers. Then he helped his mum. What a good boy! Boys and girls，are you a good boy or girl? What did you do to help your mum?”

Ss：“……”（学生既要考虑自己曾帮助妈妈做的事，又要将语言组织好，这段时间要留白，给学生思考的时间）

S1：“I washed dishes.”

S2：“I cleaned the room.”

……

（二）尊重思维的差异性，灵动施教

教育家赞可夫说：“当教师把每个学生都理解为他是一个具有个人特点的、具有自

己的志向、自己的智慧和性格结构的人的时候,才能有助于教师去热爱儿童和尊重儿童。"学生由于自身智力方面和基础好坏等因素,对学习内容存在很大的差异。在具体教学中,我们就要承认这个差异,不能用同一标准去衡量每一个学生。如果无视学生思维差异的客观存在,就会犯"一刀切"的毛病,就会"门缝看人"和"拔苗助长",就会"以己度人"和"一概而论"。无视学生思维差异的客观存在,就不会去认真倾听学生的想法,就可能以多数学生的见解替代个别同学的认识。其实有很多学生喜欢采用自己的方式来解决问题,喜欢用习惯的方法来识记文本,喜欢保持自己独立的思考——无视这一切,教学就不会和谐。

案例 3-2

**B8M3U1 He shouted, "Wolf, wolf!"**

T:"What do you think of the village people?"

S1:"I think they are very nice."

T:"Oh, why?"

S1:"Because they trusted the boy twice. They ran to the village to help the boy."

T:"Yes, I think so."

S2:"I think the village people are not clever. The boy told lies, but they still trusted him."

T:"Wow, I like your opinion."

面对同一个问题,有的孩子认为村民很善良,有的认为村民很傻,但是都有各自的道理,显示出思维的差异性。我们应当尊重这种思维的差异,适时给予肯定。

(三) 运用思维导图,激发学生逻辑思维和想象力

兴趣是最好的老师,兴趣是学生学习积极性中的一个最积极、最活跃的心理因素。思维导图对于孩子来说是一种新形式,用思维导图,可以有效培养和激发学生的灵动思维。在教学过程中,思维导图通过图画的方式引导孩子思考,它在形式上就吸引了他们的注意力。把思维导图引入到小学英语课堂教学中,既能激发学生的学习兴趣又

能活跃课堂气氛。通过思维导图的提示，孩子们很愿意开口说英语，既培养学生的口语能力，又提高教学的质量。思维导图围绕中心主题展开分支，呈现关键知识点，用图和字的形式创设出英语学习的情境，引导学生进行发散思维，使学生不仅有话可说且知道从何说起。学生很容易通过同桌、小组合作，相互启发，创作思维导图并进行表演。这样学生的协作交流能力得到了很好的提升。

以下为我校学生自制的思维导图：

## 二、灵动课堂，自由合作

### （一）营造自由与和谐的学习氛围

心理学研究和实践证明，一个自由、和谐的环境可以使人的智慧最充分地发挥。首先从主观上引导学生树立想学什么、要学什么的意愿，而不是老师要求学什么的动机。自由与和谐的氛围是创设灵动课堂的关键。因此，教师必须改变传统的压抑学生创造性的教学环境，必须变居高临下为民主平等，让学生意识到自己和老师是平等的。并且要支持学生发表不同的意见，鼓励学生积极探索。在这种关系中，学生才会感到心理的安全与自由，积极主动、生动活泼地观察思考，才会在课堂上畅所欲言，言而不尽;学生群体才会有群情激动、跃跃欲试的热烈气氛,创造欲望和行为才能得到激荡,课堂教学才会灵动、有活力。

教师在导入新课之前,设计两个问题让学生猜,不仅可以活跃学生思维,也可以调动课堂气氛。此时,老师对学生各种各样的回答都给予肯定和鼓励,如"You are very clever.""Wonderful!"等等,让学生感受到自己的发言是安全的,自己的意见是受重视的,体验到参与猜测是我表现的成就感,这样自由与和谐的学习气氛有利于创设灵动的课堂。

(二) 创设合作与体验的学习环境

小组内进行合作与体验是创设灵动课堂的重要途径。合作学习由不同性别,不同成绩,不同能力的学生组成,是指学生在小组或团队中为了完成共同的任务,有明确责任分工的互动性学习。在课堂中,学生根据教师提供的材料和问题展开探究和交流,在民主、平等、合作的氛围中产生的想法远比一个人苦思冥想所产生的多,这样优等生可以得到发展,中等生可以得到锻炼,学困生可以得到帮助和提高。在英语课堂教学中,让学生动口、动脑,合作完成任务,能发挥每一位学生的优势,互相帮助,形成交互的思维网络,收到拓展学生思维,打造灵动课堂的效果。

教师可以将学生分为几个竞赛小组,"Green Group/Red Group/Yellow Group/Orange Group",小组竞赛贯穿全堂。比如,给学生布置一个任务:列出"The importance of water"。首先要求学生独立思考"What would our lives be like without water?"然后让学生在小组里交流自己的意见,并根据这些不同的意见,列出"The importance of water",在交流时学生各自把成果展示给其他组,每个学生取得的成绩都是对小组的贡献。这种学生间的小组合作,能发挥学生优势,相互激励,相互补充,开阔思路,让学生积极地"动"起来,让英语课堂"活"起来,让学生的智慧"灵"起来,有利于激发学生创新思维,实现课堂的灵动。

至此,我们可以说,要想英语教学精彩,核心在于一个"动"字,要想英语课堂鲜活,关键在于一个"灵"字。在"动"中求发展,在"灵"中求生成。"灵""动"结合,英语教学才会生动,才会精彩,才会丰富,才会鲜活。

## 关键词 4

# 多元：融过程与结果的学习评价

多元，就是事物所具有的多样性和灵活性，它表征着民主、平等、自由，以及开放、选择和宽容，它主张求异、个性和创新。在教学中，提倡结论的多样性和获得结论的思维方式与认知过程的多样性，强调求异，追求个性，宽容另类，鼓励创新，反对教学的单一性、专制性以及无条件的求同和以循旧性和强制性为前提的统一性。

多元的教学内容、教学方式、教育评价以及学生作业，能够激发学生学习英语的兴趣，有助于孩子们形成开放包容的性格，增强跨文化交流的意识与能力，促进思维发展，形成正确的价值观和良好的人文素养。我校在英语教学活动中利用丰富的课程资源，采取多样的教学模式，实施多元化评价模式，引导学生快乐地学习英语、享受英语，切实提高学生综合语言运用能力和人文素养。这里，我们主要研究教学评价的多元化。

小学英语新课标指出，评价是英语课程的重要组成部分。科学的评价体系是实现课程目标的重要保障。英语课程的评价应根据课程标准的目标和要求，实施对教学全过程和结果的有效监控。通过评价，使学生在英语课程的学习过程中不断体验进步与成功，认识自我，建立自信，促进学生综合语言运用能力的全面发展；使教师获取英语教学的反馈信息，对自己的教学行为进行反思和适当的调整，促进教师不断提高教育教学水平；使学校及时了解课程标准的执行情况，改进教学管理，促进英语课程的不断发展和完善。

英语课程的评价体系要体现评价主体的多元化和评价形式的多样化。评价应关注学生综合语言运用能力的发展过程以及学习的效果,采用形成性评价与终结性评价相结合的方式,既关注结果,又关注过程,使对学生学习过程和对学习结果的评价达到和谐统一。

根据以上的评价理念,我校对英语教学的评价与改革进行了实验与探讨。扎实有效地关注学生过程的评价,关注学生在完成实际任务时的表现,关注学生非学业成就的表现,为学生建立综合、动态的成长档案,全面关注与反映学生的成长历程。

## 一、评价原则与方法灵活多元

着眼于学生英语学习的兴趣培养,着眼于学生学习与运用语言的能力,着眼于引导、促进学生的继续学习和发展,注重培养和发展学生自我评价的能力,评价贯穿教学过程的始终,采用形成性评价和终结性评价相结合方式。

对学生的英语学业成绩评价,我们的做法是：日常过程评价与终结评价的相结合,根据低中高不同学段的实际情况,日常评价占 10—30%,期末考试终结评价占 70—90%。

## 二、评价过程丰富多元

### (一) 教师观察与课堂评价

为了反映学生成长的过程,激励和促进学生的英语学习,英语教师根据一到六年级学生的年龄和认知特点,结合各级部的学习内容,分别制定出考察全面、具有可操作性与实效性的过程学习评价量表。

量表内容主要包括：对英语学习的情感态度、课堂表现、合作与互助、作业完成、学习效果等方面,以量表的形式记录与鉴定,量表运用贯穿整个学期学习的全过程,以学生的实际表现作为判定学生学习质量的依据。

（二）学习档案评价

每位学生建立成长档案，收集自己在学习过程中的作品以及收获与荣誉，档案也将成为过程评价成绩的依据之一。

个人英语学习档案本以及阶段性评价量表使用完后，收入个人的评定包中。这样学期结束时，打开评定包，学生走过的一步步脚印清晰可见也可把它作为送给家长的“厚礼”，帮助家长全面了解孩子在校的表现和成绩。

学生档案袋里通常有以下内容。

1. “我的荣誉本”用于记录学生得到的印章（平时交给学生自己保管）。

2. 每周每位学生交一次自己最满意的作业，可以是一次听写、抄写，也可以是自己写的最满意的英语小作文等。

3. 根据教材的安排，交上每次的英语手工作品。如 Christmas card，单词小卡片等。

4. 英语节目表演活动记录。学校定期举行各类英语活动，如英语歌曲吟唱，表演自编歌谣、对话、故事等，让师生共同对同学的表演进行评价。

5. 每两周一张家庭学校联系表。记录了学生一个单元的学习情况，利用此表也可以让家长监督孩子在家里自觉复习所学的知识。

6. 每单元一张的课堂活动记录表（学生自评）。

课堂活动是完成学习任务，达到学习目标的主要途径。学生参与课堂活动的程度与质量在很大程度上决定着学生的学习成效。对学生学习活动情况进行评价就是使学生意识到他们自己的学习状态，并且不断提高自己参与活动的能力和水平。

（三）家长观察

家长也是教育评价的主体，因为家长既是教育活动的直接参与者，也是教育结果的重要责任者。家长对学生、学校以及对整个教育都会经常做出自己的价值判断，并直接对子女做出经常性的评价，以下是四年级英语教师的一张观察记录表。

请在孩子发生的变化或出现的情况前打√

1.(　　)喜欢和家长谈论自己的英语教师和同学。

2.(　　)喜欢看英语课本里的图画和自己的手工作品等学习成果。

3.(　　)常常向家长谈起自己在英语课堂活动、游戏中的表现。

4.(　　)乐于完成家庭作业,热情、认真,充满想像力。

5.(　　)能够自觉地或根据英语教师要求进行预习和复习。

6.(　　)经常在家里朗诵课堂上学习的英文歌曲和歌谣。

(四)阶段性评价

一个学期进行到一半,需要对前半个学期进行总结检验,总结取得的成绩和查找存在的问题,以利于师生共同调整教学。所以,阶段性的综合评价也是必要的。针对学生的情感态度、口头作业、书面作业、节目表演、基本学习策略等,可采用自评、小组评、教师评、家长评的方法,对学生进行几个方面的综合评价,全方位地了解一个学生。

## 三、终结评价全面多元

终结性评价通常是与优劣、等级联系在一起,容易引起评价对象(学生、教师的焦虑),但心理学的研究表明：适当的焦虑可起到增强提高学习质量的动机作用,更何况终结性评价也是检测学生语言综合运用能力发展的重要手段,能够较好地反映出教学效果。所以,终结性评价是必不可少的。终结性评价通常以测试为主要形式。

《小学英语新课程标准》指出小学英语教学要重视激发和培养小学生学习英语的兴趣,培养一定的语感和良好的语音、语调基础,引导学生乐于用英语进行简单的交流,防止和纠正以教授语音、语法等语言知识为主的做法,把教学的重点放在培养学生用英语进行交流的能力和兴趣上。根据这一精神,我们英语测试的方法为口语测试与听力、笔试测试的综合。

（一）口语测试

口语测试主要考查学生的语音、语调或初步的口语表达能力，内容主要测试所学对话与语篇的朗读与表达。口语测试可贯穿在英语学习的全过程中，要求各级部任课教师根据本学期学习内容，检测出所有学生的日常口语测试成绩，成绩占总成绩的10%。

（二）听力测试+笔试测试

听力测试主要考查学生的语音识别能力，以及对句子、语段的理解能力。笔试测试主要考察学生的基本书写，重点句型运用，以及阅读与写作等综合能力。两者成绩占总成绩的80%。

评价既是保证课程实施的重要手段，又是教学活动的有机组成部分。在教学过程中使用的各种评价方式应有利于教学活动的开展，有利于学生学习能力的提高。评价方式应简单易行，避免使用过于烦琐的程序，干扰日常教学。注重评价活动的质量和使用时机，让学生感到评价是积极的、有意义的学习活动。防止评价流于形式，或因评价活动不当使学生产生心理负担和厌倦情绪。总之，不能为评价而评价或以评价为目标进行教学。

通过探索与实践，我们感觉，关注学生发展过程的表现性评价，在激发学生学习兴趣，调动学生学习积极性，树立学生学习信心等方面发挥了积极的作用，使学生得到了持续的成就感。老师们在过程评价中，能及时获取英语教学的反馈信息，对自己的教学行为根据学生学习表现情况不断反思和进行适当的调整，提高了教学效率和教学成绩。过程评价还加强了师生以及家校之间的互动，形成了良好的教育合力，学校也能及时了解课程标准的执行情况，改进教学管理，促进英语课程的不断发展和完善。

2014年11月，我们举行了青岛市发展校评价改革主题观摩活动。省教研员陈元宝和市教研员孙泓老师都出席了本次活动，活动中，我校就多元化英语评价的实验情况，做了交流和发言，栾青和孙佳老师举行了观摩课，栾青老师还就自己一直以来对多元化评价的探讨，做了个人的交流发言。丰富的材料积累，详实的案例分析，使我们英语教学多元化评价的有效探讨，受到了与会领导和教师的高度肯定。

正如教育家布鲁姆所说的“形成性评价的本质，是把学生所取得的进步尽快告诉他们”。评价不是为了排队，而是为了发展。好的、积极的评价是学生健康成长的动力。多一把衡量的尺子，就会多一批好学生。我们将继续坚持探讨丰富的多元化评价在英语教学中的有效应用，将过程评价与终结评价有机结合，不断丰富操作方法，促使科学的评价在英语教学中更广泛、更合理地应用，为教学服务，为学生终身发展服务。

# 第四章　缤纷音乐

当音乐与教育相遇，当音乐与艺术相遇，才称其为审美教育。从实际出发，我们提出了“缤纷音乐”的学科发展理念，以“兴趣、体验、创造、怡情”为关键词的课堂教学实验，开设弦韵、乐舞、小百灵、小提琴等特色课程，构建音乐特色课程体系。

- 关键词 1　兴趣：最关键的音乐学习力量
- 关键词 2　体验：情意与认知的天然融合
- 关键词 3　创造：激发儿童无限创造动力
- 关键词 4　怡情：来自心灵深处的穿透力

音乐是声音的艺术，在人的生活中起着非常重要的作用，良好的音乐可以净化心灵、美化情操，促使人健康向上。音乐的核心素养不单纯是要有基础的、最一般的音乐知识与实践能力，还要有对于音乐较高的认知能力与审美能力，提高音乐素养，可以加强学生的综合素质和对外部事物较深层的感悟能力。

音乐教学是一门艺术学科的教学，是一项复杂而细致的工作，它在整个教育体系中的独特作用是不容忽视的。当音乐教育真正遵循着音乐艺术与艺术教育自身的规律来实施时，音乐教育才能成为审美教育。我校在音乐教育中积极探索，从学校实际情况出发，提出了以“缤纷音乐”作为本校音乐学科的发展理念，精心设计了围绕“体态律动”教学改革实验为中心，进行“体验学习”的教学策略探讨，以“兴趣，体验，创造，怡情”为教学关键词的课堂教学实验，开设弦韵、乐舞、小百灵、小提琴等特色课程，构建起“缤纷音乐”的大课程体系。

我们的音乐学科的教学理念首先是窗体顶端，它们是：以音乐审美为核心，以兴趣爱好为动力，面向全体学生，注重个性发展，重视音乐实践，鼓励音乐创造，提倡学科综合，弘扬民族音乐，理解多元文化，完善评价机制。基于以上教学理念，我们的课堂音乐教学是在引导学生通过感知、理解、表现音乐，使学生对音乐产生浓厚的兴趣和爱好，并具有对音乐美的感受和初步的鉴赏、创造能力，教会学生认识生活和感受生活，并在一定意义上创造生活，从而促进学生全面发展。缤纷的音乐课堂，有我们的核心理念来导向，那就是“兴趣，体验，创造，怡情”。以学生为本，促进学生的发展。

## 关键词 1

# 兴趣：最关键的音乐学习力量

“兴趣是学习音乐的基本动力，是学生与音乐保持密切联系，享受音乐，用音乐美化人生的前提”。新课程标准把这样的课程理念置于十分突出的位置，把“培养音乐兴趣，树立终身学习的愿望”列为音乐课程的目标之一，足见培养学生音乐兴趣不仅仅是为了获得音乐学习的动力，也将影响儿童在情感、态度与价值观层面上的表现与发展。

如果学生对音乐学习产生了兴趣，他们就会积极努力地投身到学习中去，在潜移默化中接受音乐的教育作用，提高学生的音乐审美能力，塑造美好的心灵世界。因此在音乐课的课堂教学中，要积极发挥“美”的熏陶作用，利用“活”的教育方法，调动学生的学习兴趣。”浓厚的学习兴趣是学生进行学习的内在动力和行为保证，是取得理想学习效果的基础和前提。我们在安排教学中每一个细节时都应向自己提出“是否有助于增强学生的学习兴趣”的问题，来检验自己的安排正确与否。假使学生们能主动投入学习，收集资料，并用自己的语言向同学们介绍自己选择的音乐，讲述自己对音乐的感受，那么他们对音乐的神秘感、陌生感就会消除，兴趣却会高涨。例如：在小学一年级的《大鹿》这一课中，在第二课时我把学生分为四个大组，根据歌词情景再现，模仿小兔、猎人、大鹿的形象，有学生扮演大鹿的房子，茂密的大树，盛开的花朵，利用老师准备好的道具，鼓励孩子们大胆的进行创编和表演。这个环节使全体学生在充满兴趣和愉快轻松的状态下，主动去激发自己的想象力、创造力，在音乐实践活动中体验到快乐，完整地学唱好歌曲。所以创造宽松、活跃的课堂气氛是引导孩子喜欢音乐课、对音乐课感兴趣的环境基础。

我们还得把音乐与“视、听、唱、奏、动、写、记、创”等要素结合起来。如：游戏、舞蹈、美术、文学、自然等等。让学生当起小小音乐家，画的画、奏的奏、跳的跳、演的演，以激发学生的兴趣，使他们拥有愉快的情绪。把抽象的音乐概念和枯燥的技能训练，转化为活泼有趣的游戏、舞蹈，使之具体化、形象化、趣味化。如：二年级《金孔雀轻轻跳》的教学中，我就融入了舞蹈的元素，使学生感受傣族音乐的优美和舞蹈的柔美。在《我是小音乐家》的教学中，我把音乐与游戏结合，都收到不错的效果。把美术、音乐、文学融为一体，以达到活跃气氛、愉悦身心、陶冶情趣、诱发灵感、开发智力的教学目的。比如：在课外郊游时，树叶沙沙作响，小溪欢快地流淌，鸟儿放声歌唱，这不就是大自然演奏出的美妙乐曲吗？在不知不觉中，同学们都随着这美妙的自然音响哼唱起来，曲调清新、自然、淳朴，脸上露出了幸福的微笑，感受到了音乐的存在，生活的美好。当然，我们不仅要选择吸引学生入胜的教学方法和教学手段，还要利用大量的音响资料、录像资料、文字资料、图片资料等来充分调动学生的积极性。

## 关键词 2

# 体验：情意与认知的天然融合

音乐教学作为审美教育的一种方式和手段，有着与一般学科不同的教学方法，是一个在教师启发的指导下，学生参与体验音乐的过程，没有学生主体参与体验，就难有真正的音乐教学。只有当学生参与到音乐活动之中，自己亲身主动地去体验、领悟、探寻，与音乐融为一体时，才能对音乐知识、技能技巧真正地理解和掌握，才能实行对音乐的欣赏与创造。如何让学生有效地感知，认真地体验？这就需要激发学生的兴趣，设置与课堂教学内容相配套的教学情境，针对具体教学内容，通过视觉、听觉、触觉、嗅觉等综合感官，并通过各感官间产生的联觉，自然而然地激发学生的情感和兴趣。

例如，在欣赏《劳动歌》时，学生初听后，我提问："这时候好像在干什么？"学生高高举起手，要发表自己的想法。有的说："好像在敲烂铜烂铁。"有的说："挖金子。"有的说："在拔河，感觉有很多人在唱。"还有一位小朋友说："大家一起在劳动吧。"我对学生们的想法都表示赞同，觉得孩子们很有自己的见解。随后，我让他们在"嘿哟！嘿哟！"的地方，跟着音乐唱起来，并把自己的想法运用动作表现出来。学动作、学叫声、学挖土等，这时的教室，简直成了一个忙碌的劳动场，他们的动作是那么逼真，那么自在，脸上洋溢着笑容，真正投入到了音乐之中。这不就是这课的主题——愉快的劳动！

又如：在四年级下册第四课《童年的音乐》一课中，欣赏交响童话《彼得与狼》时，首先让学生仔细聆听作品片段，让他们明确在这首交响童话里，每一个角色都固定由乐队中的某一种乐器来表现。然后分别介绍每一个角色，引导学生尝试用自己的声音和动作模仿这些角色。很快学生决定用“快乐地走路”来表现小彼得；用“弯着腰，驼着背”来表现老爷爷；用“龇着牙，咧着嘴”来表现凶恶的大野狼，小鸭、小鸟、小猫的动作学生自己都会。在做这些动作时我还暗示学生用自己的声音模仿这些角色的叫声。接着让学生完整欣赏乐曲，这时候的音乐课堂已成了发挥孩子们想象力、创造力的天堂，一会是快乐的小彼得来了；一会是弯着腰、驼着背的老爷爷出场了，还不时的咳嗽两下；一会是小猫咪迈着轻巧的步子、小鸟快乐地飞舞着、小鸭嘎嘎地叫着；凶恶的大野狼张着血盆大口，一步一步向我们走来……他们兴奋地随着音乐生动地再现了这个故事，在不知不觉中体验了创造的乐趣。

“体验”教学是以学生为主体，在教学情境中充分发挥学生的积极主动性，在老师引导下，在学生的亲身参与下，达到自我体验的一种学习方式。在音乐教学实践中，教师要关注学生的主体性，让学生积极参与学习，努力获得情感体验，感受音乐，理解音乐，提升音乐素养。在课堂上我们不仅是教师，也是学生、演员，更是一个出色的导演。指导学生模拟表演、口念节奏、手敲节奏、边念边打，这是常有的状态，因此要努力和学生一起体验音乐所带来的愉悦之感。

## 关键词 3

# 创造：激发儿童无限创造动力

音乐教学中有了兴趣、体验、参与实践后随之而来的是激起学生的创造欲望，影响着创造精神，“音乐的本质与价值就在于激发人的创造性。”因此，在小学音乐课堂教学中，教师应充分尊重和发挥学生的主观能动性，让学生在轻松、愉快、和谐的气氛中感受音乐、理解音乐，从而激发他们的创造性思维。

## 一、在节奏练习中启发创造

（一）听为主、动为辅，增强学生的节奏感

歌唱教学时采用拍手、拍腿跺脚等方式打出节奏，做到同一时间内用眼睛看节奏谱，用耳朵去听节奏，用身体的动作去感受节奏，可提高兴趣、活跃气氛，有助于建立稳定的节奏感；欣赏教学时通过节奏中表现出来的长短、强弱、速度来分析、听辨和领会其节奏特点，以达到增强节奏感的目的。

（二）通过节奏模仿，积累经验，进行再创造

1. 跟我学：教师用双手拍击一段节奏，学生靠听觉感受节奏，并认真记忆和模仿，由易到难、由短到长，最后引伸为边拍节奏边歌唱。要求学生做到眼看、耳听、口读、手达节奏，用以体会和掌握节奏。

2. 节奏创作：让学生取得应用知识解决问题的经验，进行简单的节奏创作。如：

“节奏接龙”,通过启发和引导,培养学生的创造意识和创造才能,方法是先给学生定两小节的节奏,然后让学生在此基础上发展变化,进行创作,从一些简单的1—2小节的小乐节创作,发展成一个乐句到一个乐段的创作,提高了学生的兴趣,激发了创造力。“节奏填充”出示一条不完整的节奏谱,让学生根据已有的拍号、节奏型进行填充,体会其流畅程度,并且由易到难、由简到繁,循序渐进。同时,教师在提出问题时应善于运用直觉思维的方法提出多种不带结论性的设想,给学生做发散性思维的示范,以引起模仿。“节奏创作”是要运用已有的音乐知识如节拍、速度、力度、节奏型等音乐要素,根据歌(乐)曲所表现的形象与内容,创作不同风格的节奏乐,并能根据乐曲的性质、情绪安排配器。如优美抒情的乐曲,可用三角铁、碰钟等;活泼欢快的乐曲,可用铃鼓、沙锤等;奔驰的马蹄声,可用双响筒、串铃、舞板等。

## 二、唱游中的即兴编创

唱游的内容有律动、音乐游戏、歌表演、集体舞等。将音乐与儿童好动的性格特点相结合,让学生在活动中获得节奏感、韵律感和美感,充分地发展他们的想象力、表现力和创造力。因此教师在组织活动时应根据创造性思维的主动积极性、求异性、发散性、独创性等特点,来选择唱游的内容。在活动过程中,对学生出现的创新苗头要善于发现,并及时肯定;当学生有困难时,要给予细心的帮助,激发学生去追求美、创造美。这样,学生的首创精神与创造性思维就可以加速地得到培养和发展。

## 三、尝试简单歌曲的创作

音乐,作为一种陶冶情操、激发想象力的高雅艺术,它的价值在于激发人的创造意识和创造行为。除了上面所讲的根据音乐编一些动作外,还可作简单的旋律创作,简单的歌曲创作等,并结合教学让学生多听、多想、多分析音乐作品,培养学生对音乐创作的兴趣。

1. 采用尝试法,学习旋律创作。

2. 采用模仿法,进行歌词创作。

首先应选择一些学生熟悉的歌曲,让学生进行模仿创作。学生学会歌曲后,教师引导学生联系生活经验将部分或全部歌词进行创编。其次,有目的性、针对性地找一些不同风格情绪的旋律,如威武雄壮的进行曲,恬静优美的摇篮曲,热烈奔放的舞曲等,让学生进行适宜歌词的创作。

## 四、在欣赏中激发学生的创造性思维

音乐欣赏这种审美活动,是通过音响激起情感体验,从而展开想象、联想的。但音乐欣赏的对象既看不见,摸不着,又没有具体的语义内容,存在着表现内容不确定的美学特征,因此,音乐欣赏中的想象、联想更为自由、广阔,不仅有再造想象因素,而且还具有创造想象的成分。音乐是可以感知的,音乐是有内容的,首先必须通过形象思维将学生引入音乐殿堂。尤其是对于形象思维处于主导地位的小学生来说,音乐欣赏必须从直觉感受出发,通过音响激起想象、联想,从而进入形象思维。但音乐欣赏中的形象思维不会仅仅停留在情感体验的阶段,它可以通过联想、想象、表象等心理过程,再造、重组出新的审美意象,这种审美意象的孕育成熟过程也就是形象思维的创造过程。欣赏者可伴随着音乐音响的流动在脑海中自由地演绎出许多生动的画面。这种教学方法为学生营造了无拘无束的思维空间,诱发了学生展开想象,培养了学生的创造性思维。

## 关键词 4

# 怡情：来自心灵深处的穿透力

音乐最重要的美学特征就是它的情感性，“情”乃歌中魂，情感在音乐课堂中起到了画龙点睛作用。

### 一、在情境中感受美——以美培趣

音乐教室是孩子的音乐乐园，优雅、整齐、美观的环境会给师生带来一种健康向上的心理影响，唤起孩子对美的共鸣与追求。

例如：钢琴上摆一盆绿色植物，使教室充满生机；墙的一侧剪贴成用各色吹塑纸制成的动物贴画：弹琴的小松鼠，吹圆号的小熊，跳舞的小兔……构成美妙的森林演唱会。另一侧中心位置是“我型我秀”的红花台，可以激励孩子学习音乐的积极性，旁边贴着音乐家画像，使孩子了解认识音乐家，并产生热爱音乐的思想。

孩子们在紧张的文化课之后，迈进音乐教室的一刹那，无不被这优美而富有艺术情境的教学环境所感染，犹如进入音乐的殿堂。学生内心感到欢快与美好，这激起他们强烈的学习欲望，使其自觉、愉快全身心地投入到音乐活动中。

### 二、在教学中孕育美——以美润心

小学音乐教材大多是文情并茂的作品，具有鲜明的美的形象，每一首曲子都能展示一幅美的图画，给人以视觉美和听觉美。教唱歌曲决不能单纯教孩子唱会一首歌，还要让学生在学习音乐中感受到美，受到艺术上良好的熏陶，以培养学生的审美能力。

例如：教学《嘀哩嘀哩》这首歌，为了让孩子们感受春天的美，课前，我让学生观察生活，观察大自然。上课时，我导言入题："都说春天是五彩缤纷、百花齐放的季节，那么，春天到底美在哪儿？小朋友，你们找到春天了吗？"因为有过切身体验，孩子们发言踊跃，迫不及待地向大家介绍自己找到的春天。"春天在满天飞的风筝里！""春天在小草的嫩芽里！"接着，我用多媒体展示春天的景象，并富有激情地朗诵："山青了，树绿了，小草偷偷地探出小脑袋，柳树吐出了新芽，小鸟在枝头上唱着动听的歌，春姑娘把鲜花撒向大地。"春天再次映入孩子们的眼帘，他们被这迷人的景色深深地吸引住了。此时，学生感受到了春天的美，并将这种情感带到歌曲学习中。在学习歌曲的过程中，让学生用美妙的声音朗读歌词、聆听歌曲，体会歌曲欢快活泼的情绪，享受到美的体验。教唱环节结束后，我运用一个音乐活动让学生深度体验美、表现美丽的春天。首先教师展示找到的春天，欣赏"春天题材"的歌曲《找春天》。教师："我们找到了春天，老师用录像记录了我找到的春天，你们看！"带学生欣赏视频春天、并提问："春天在哪里？"学生看视频，说出教师找到的春天在什么地方。然后教师总结："春天在美丽的花朵中，春天在广阔的田野上，春天在嫩绿的草丛中，春天在蔚蓝的天空里。"随后学生展示找到的春天，教师："你们寻找的春天又在哪里？"学生出示自己找到的有关春天的照片、图画、歌曲等。接着听着音乐进行歌表演。教师播放歌曲《嘀哩嘀哩》，让学生用优美的舞姿来表现出春天的样子。最后教师进行课堂小结："我们通过今天的学习，感受到春天的温暖，歌唱快乐的春天，描绘美丽的春天。其实春天就在我们生活中，春天就在我们的心里！"在整个教学过程中，在美的情境里、美的享受中学生学会了这首歌，真正体会到了歌词美、旋律美，也体会到了春天更美。教师创设美的教学情境，使学生的注意力全部集中于眼前的美景，从而感受音乐，达到以情动人，以美育人的极佳审美境地。

## 三、在欣赏中领悟美——以美怡情

爱美是人之天性。音乐作品，不管是声乐曲也好，器乐曲也好，里面存在很多美的因素。

比如：一曲《春江花月夜》，音乐一开始，学生突然从不安静的课堂气氛中竖起了两只耳朵，那委婉质朴的旋律，流畅多变的节奏，丝丝入扣的演奏，似乎把学生带到三月夜春江的迷人景色中，学生听完以后还要求再听一次，并且有的学生边听边舞起来，这就大大激起了学生学习音乐的兴趣。由此可见，通过这种娱乐性的欣赏，学生的精神愉悦了，从而产生积极的情绪并焕发出神采。

在音乐教材中有表现雄壮的歌曲，有谱写诙谐的乐曲，有抒情优美的音响，也有悲伤愤怒的旋律……音乐情感所表现的多姿美，使学生的情感丰富，并且在聆听和演唱过程中产生心灵的共鸣。音乐对孩子们的思想感情产生强烈的感染作用。所以在教学中教师要引导学生多听、多想，引导他们用心去感受体验音乐美。

音乐本身就是一门美的艺术，在音乐课堂上，教师的一举一动都要很美，音乐教师的知识面要宽，要讲究语言艺术，将自己的快乐情绪传染给学生，幽默的语言、亲切的微笑、鼓励的眼神、有趣的动作都毫不吝啬地奉献给学生，用我们的美去激发学生的美，用我们的热情去感染学生的热情，用我们的人格魅力去吸引学生，培养他们的兴趣，调动他们的学习积极性，使他们勤于动脑，乐于动口，喜于动手。让学生和教师走得更近，让音乐课成为学生的最爱，让孩子们“一见你就笑”！这样，我们的音乐课堂教学效率将会有更大的提高！

# 第五章　快乐体育

体育的核心在于让人生命旺盛、精神高贵、智慧卓越、让情感丰满，教师以“锻炼健康强壮之体魄，学会终身体育之技能，培育坚毅奋进之精神”为教学目标，以终身体育和健康生活为教学主线，以体育活动为教学载体，使学生形成健康而充满活力的生活方式以及积极进取的人生态度。

- 关键词 1　生命：追寻成全生命的体育
- 关键词 2　多彩：展现课堂的无限魅力
- 关键词 3　愉悦：给予最美妙的学习感受
- 关键词 4　适宜：教学过程最优化的努力
- 关键词 5　多元：获得高认同的学习体验

体育教学是学校教育中不可或缺的组成部分，一节完整的体育课分为准备部分、基本部分、结束部分。它是教师在教学过程中运用一定的教学方法，给予即时准确的教学评价，完成所设计的教学内容，最终能够让学生增强体能，掌握和应用体育与保健基础知识，体育运动技术与技能，实现学生增强思想品德教育，增强学生社会适应能力的教学目的的过程。由此体育学科核心素养离不开学生所掌握的体育知识、技能以及所体现出的情感道德价值观。概言之，体育学科所展现出的核心素养是一种体现出成全生命的体育、为生活的体育，它是学生能够主动地参与到丰富多彩的教学内容，在适时的教学方法引导，多元化教学评价的鼓励以及欢快、愉悦的学习氛围中所形成的运动能力、健康行为与体育品德。由此，体育教学离不开“生命”、“多彩”、“愉悦”、“适宜”、“多元”这五个方面，它们是体育学科核心素养形成的重要因素。

运动中的快乐实际包括快感、美感和成功感等不同层面的精神反应。从理论和实践上讲，小学生应该是最喜欢体育的人群，培养和利用学生对体育运动的兴趣，充分调动学生的积极性，课堂气氛会变得更加欢快和愉悦，不仅课堂教学效果显著提高，同时也对学生行为习惯的养成和学校常规的管理起着事半功倍的作用。快乐体育是从终身体育和个人发展需要出发，对学生进行健全人格教育的一种教育思想和教育方法。“快乐体育”是在教育教学过程中充分调动教和学的积极性，教师乐教，学生乐学，教学在师生融洽、合作的气氛中生动活泼地发展，并且学生在学习过程中始终充分体验运动的乐趣，体验克服困难后取得“发现”或“成功”的快乐的一种体育教学思想。

“快乐体育”以生命、多彩、愉悦、适宜、多元为核心，通过体验运动的快乐感，激发学生参加运动的自觉性和主动性，培养学生健全的人格，并认为体育本身就是一种快乐的、有吸引力的事情，促使学生养成终身体育的习惯。

## 关键词 1

# 生命：追寻成全生命的体育

体育是全人教育的一个重要方面，包括对人生命健康的关注，也包括通过体育活动对人身体和心理健康、社会适应的培养和健康生命价值的提升。通过对学生生命体育的教育，激发学生在体育方面的潜能，培养学生良好的思想品质和集体荣誉感。体育是成全生命的体育，是生活的体育，是以生命为核心，以教育为手段，倡导认识生命，珍惜生命，尊重生命，爱护生命，享受生命，超越生命的一种提升生命质量，获得生命价值的教育活动。

《体育（与健康）课程标准》提出："让学生学会通过体育活动等方法调控情绪，形成克服困难的坚强意志品质；建立和谐的人际关系，学会尊重和关心他人，建立起自我、群体和社会的责任感；参与体育活动，挖掘运动潜能，发展体能，提高运动欣赏能力，形成积极的余暇生活方式。"新课标以科学的观点指引着体育教学的方向，无处不闪现着关爱生命成长的理性之光。

## 一、唤醒学生生命意识

要让学生懂得，生命本身就是美丽的，自己的生命就是美的杰作，因而应该为自己拥有生命而自豪。近几年，媒体关于中小学生自杀或者杀人的报道越来越多，也越来越触目惊心。往往只是一些在成人看来微不足道的小事，便足以让孩子放弃自己如花的生命或剥夺他人本不应被剥夺的生命。孩子的心理承受能力到底退化到了什么程度了,为什么在高举素质教育大旗,高呼“轻负高质”口号的今天,还会接二连三地发生这样一些事情呢?作为教育者,我们应该深刻地反思,我们到底对孩子做了些什么?又有哪些还没做?身为体育老师,在新课标“健康第一”的思想指导下,我们是否把学生的身体健康和心理健康放在了同等重要的位置上?又是否切切实实地将学生的心理健康放在了心中,落实到了行动中?学得开心的课就一定是好课吗?“休闲课”、“娱乐课”对孩子坚强意志品质的形成究竟有多大的帮助呢?现在的孩子意志力薄弱者比比皆是,体育课没上到一半,就有人说:“老师,我渴死了,想喝水”,“老师,我累了,想回教室休息”,更有甚者,一屁股坐在了操场上。如此这样下去,教师怎么能完成新课标托付的重任?教师们又怎对得起这些将来担负国家命运的孩子?教师有责任帮助他们具有生命意识,有责任在体育教学中通过各种手段和方法让他们的生命健康地成长。这需要我们用心去思索,用心去实践。因此,我们在体育中渗透生命的教育,唤醒学生对生命的意识。

体育课上许多内容和生存技能有密切的联系,比如攀爬技能掌握以后,遇到洪涝灾害、野兽攻击时,我们可以就近爬到大树、高墙等地方暂时躲避危险,等待其他人的救援;快速奔跑能力、滚翻能力、跨越障碍能力等都是基本的生存技能,这些能力的训练内容我们体育课上都进行,课堂教学中如果能及时地结合生存技能教育,学生的学习兴趣和学习效果就会大不一样。耐久跑项目,学生非常不感兴趣,我结合新兴项目“校园定向运动”创设情景:“现在我们是在野外一片大森林中,我们有地图,指南针等,我们要学会看地图,要根据地图上的指示依次向前走,否则你就有可能迷路,我给每个小组一张地图(我根据学校的实际地理情况画的简笔画),看哪一个小组最先按路线要求回到指定地点”。虽然是小学生,但因为我画的地图也简单,学生都能按要求完成,课堂气氛非常好,虽然个个气喘吁吁但是都很兴奋,都要求以后还要做这个游戏,以往上耐久跑课懒洋洋的情景没有了,通过这一活动,学生学会了看地图,掌握了一定的生存技能,提高了身体素质,增强了生命意识。

案例 1－1

在健康课上，我利用多媒体课件，让学生了解生命从一个受精卵开始到母亲十月怀胎到呱呱落地的整个过程，小学生虽然对生命懵懵懂懂，但是通过形象逼真的动画课件，小学生感受到了生命的来之不易，明白生命不仅是自己的，更和父母等亲朋好友有着密切的联系。

我布置课下作业，让学生和父母交流沟通自己的成长经历，通过这种亲子活动，学生对父母的感情深了，同时也更珍惜自己的生命了。再如我播放交通事故的现场片断，让学生通过观看血淋淋的现场，体会生命的脆弱，感受失去亲人的痛苦；结合四川大地震，我让学生及时地观看新闻和报纸，对学生进行了生命教育，效果非常好。通过对学生生命意识的培养，学生深深地感到要珍惜生命，爱护生命。

## 二、练就学生生存技能

课堂不仅是传授知识的殿堂，也是发展人际交往的一个平台。而良好的学习环境可以使人轻松愉悦地完成学习任务。对体育课堂来说，良好的学习氛围可以使人有更充沛的精力与体力，以更加积极的创造欲望投入到身体练习中去；良好的学习氛围可以使学生的思维分外活跃，思想的火花不断迸发，奇思妙想连珠不断。教师可利用生动亲切的语言渲染课堂环境，蹲下身和学生在同一个高度上一起活动，将自己融入孩子间，像一个和平使者用智慧将知识传递，用智慧连接学生之间的友谊，增强凝聚力。

案例 1－2

看，课堂上，老师是小星星身边的月亮婆婆，是小火车的火车头，是跳远高手青蛙妈妈，是经过孩子的“点拨”才恍然大悟的大朋友！再看，孩子们把垫子摆成“梅花阵”做跨垫纵跳；把几个书包排在一起立定跳远；自创游戏“抢占空位”。一个个矫健的身姿奏出了不同凡响的音符，可谓兴致盎然，乐此不疲。

很多时候面对突如其来的灾害，身体素质好，有一定生存技能、经验、有一定思想准备的要比身体素质差,一点经验也没有,毫无思想准备的存活率高。我们体育课上可以结合相关的内容,创设一定的情景,对学生进行生存技能教育。

体育课以外堂课为主,受外界影响比较大,难免出现一些突发事件,造成或大或小伤害事故,出现这种情况,我们老师要及时地采取措施,同时或事后对学生进行生命教育,使学生学会、掌握一定的生存技能,让学生学会关心自己和他人的生命。

案例 1-3

有一次上体育课,天气比较闷热,学生做完准备活动后,突然有个学生昏厥了,当时学生都吓坏了,我也吃惊不小,我定定神,赶紧给学生掐人中,同时派一名学生去叫校医,让几名学生把围观的学生散开,空出尽量大的空间。等校医来时,这名学生已经渐渐恢复知觉。我趁此机会,教育学生出现这种情况要沉着冷静,运用正确的救治方法拯救他人的生命,及时疏散人群,让空气流通起来,同时教育学生要关心同学,互相帮助,善待每个人的生命。

体育课上出现擦伤、扭伤、鼻出血、抽筋、岔气、骨折等现象是难免的,出现这种情况,我们做老师的要沉着冷静地处理,要利用这些机会教会学生如何处理,如鼻出血是体育课上常见的现象,教师要教育学生可用脱脂棉球堵住鼻孔、用手指压迫鼻翼外侧或用冷水洗前额。

同时,意志是自觉确定目的,按照目的调节内外活动,克服各种困难的心理过程。每个人的一生中都会经历挫折,碰到困难。具备坚韧不拔的意志和自强不息的精神,是当代学生必须具备的基本素质;耐挫力与坚强的意志对身处竞争日益激烈的现代社会中的人来说,尤为重要。要引导学生给自己的人生一个准确的定位,要善于从身边寻找人生榜样、奋斗目标,让自己追随着榜样不断进步,时刻感受到激励的作用。每一届的奥运会就是一本本生动典型的教科书。没有哪一项奖牌的获得,不与参赛选手们在长期体育训练中所养成的顽强意志和坚韧不拔的品质密切相关。

### 案例 1－4

当占旭刚奋力举起自己从未举起过的重量时，当孔令辉咬紧牙关战胜世界强手瓦尔德内尔时，当竞走选手王丽萍以其耐力及毅力走至终点时，当中国女排击败世界列强站在高高的领奖台上时，让人热泪盈眶、激动不已乃至终生难忘的不正是运动员们那种自强不息、永不言败、坚韧不拔、百折不挠的精神和信念吗？

有了这样的榜样激励，有了这样的思想基础，加之我们精心设计的将强度溶解在某一情境，让学生自觉积极地去克服困难，完成练习任务的课堂，还有谁会沮丧退缩？有的只是冲过险滩的酣畅淋漓和登高极目的心旷神怡。古人云："志也，气之帅也。"意志是精神之统帅，性格之中枢。坚强的意志品质是人学习和工作取得好成绩的重要保证，是获得事业成功的基础。如果学生具备了这样的品质，那么他无论是处于顺境还是处于逆境，都不会沉沦和泄气。如果学生具备这样的品质，那么在其毕业后，无论在什么地方都会生根开花，茁壮成长。也只有具备这样的品质，才能在未来的社会中充满竞争力。

## 三、生命因为运动而精彩

生命活动需要每个人拥有热情和活力，热情和活力的来源之一便是运动。运动既能带给人健康的体魄，也能让人充满热情，从一定程度上决定了生命的质量。

### 案例 1－5

校田径队有一个孩子，进入田径队之前身体单薄，经常生病，体育成绩不够理想，后来他主动要求参加校田径队，每天坚持跑步，老师布置的训练任务都努力坚持完成，一段时间过后，在体育课上进行体质健康测试，这个孩子各项成绩突飞猛进，身体素质明显提升，变得也更加健康强壮，同班同学都纷纷惊叹于他身体的变化。

运动是生活的一部分，就像每天吃饭、睡觉一样平常，久而久之，你就会发现运动带给你的益处。运动很简单，但贵在坚持，它不仅可以放松心情，增强体质，还能够给我们带来生命中不可缺少的友谊和坚强的意志。正如运动不止，奋斗不息，生命才会健康精彩！

## 关键词 2

# 多彩：展现课堂的无限魅力

体育教学的“多彩”理念，让每一位学生都享受到教育的成功、快乐与幸福，让每个学生都得到理想的发展，收获成功的喜悦。教师在教育教学实践中致力于个性化教育，营造丰富多彩的教育教学环境，为学生潜能的开发提供条件，可使学生的兴趣爱好、个性特长得到充分、多彩的发展。寻找适合每个孩子的特色教育，丰富学生多彩的体育世界，就能使他们的体育活动更精彩。

## 一、贴近生活

随着新课程改革在全国范围的继续推进。让体育回归生活，让体育与生活密切结合的呼声，以其准确的价值取向，正在成为当前课改形式下课堂教学改革的热点。具体包括：1、重视“生活化”的新课导入。在新课教学时，教师要充分将所学内容与学生生活实际紧密地联系起来，把生活中的题材引入到体育课堂教学之中，唤起学生的学习兴趣，使求知成为一种内动力。2、创设“生活化”的教学情景。教师在教学内容的安排和设计上，可针对性的创设一些“生活情景”使学生置于生活的氛围中，产生强烈的求知欲，让课堂教学真正活起来，让学生学习乐起来、玩起来、让所有的学生在课外动起来，为终身体育打下坚实的基础。3、采取“生活化”的学习方式。突出学生的主体地位，在学习活动中，学生往往习惯先行后知，他们对知识技能更习惯通过自己的活动去获得、去体验、去感受,采取积极、自主、合作、探究的学习方式主动地进行学习。

案例 2-1

在上后滚翻课时,教师首先做一个示范:向后退时,不小心绊了放在脚下的垫子,顺势做了一个后滚翻,稳稳地站起来。接着,教师就刚才的示范再结合几个案例讲解后滚翻在生活、运动中的作用,激发了学生的学习兴趣。最后,教师问:"看了刚才的示范,听了老师的讲解。你们现在想干什么?今天我们就来学习后滚翻"。这种导入新课的方式,贴近学生的生活实际,激发学生的学习兴趣,而且很自然地导入了新课,为下面的学习打下伏笔。根据学生的心理特点,把学生熟悉的生活情景再现到教学中,使枯燥的教学内容生活化。这样的巧妙安排,极大地激发了学生的兴趣,贴近了学生的生活,拉近了与学生的距离,使学生轻松愉快地完成了教学任务。

## 二、与娱乐结盟

体育有塑人及育心功能。而娱悦身心,陶冶情操,则是体育本质功能的又一体现。体育往往以其动作的高难度,造型的艺术化,形式的多样化,竞赛的激烈性和比赛结果的不确定性,以及适应性强,社会化广的特点,对参与者以及观赏者给予一种强烈的感情刺激和情感体验。当你在参与自己所喜爱的运动项目中,成功地完成某一动作,在与同伴高度自动化而默契的配合中,在与对手斗智、斗勇、斗体力、拼技术的礼仪化较量中,在战胜自我,征服自然后的胜利中,得到的是一种妙不可言的心理满足和快感,达到了自我价值的充分展示,会增强自己的自尊心、自信心、自豪感。同样,在观看优秀运动员的精彩表演中,时而屏气凝神地注目,时而喜不自禁、如醉如痴地欢呼,无疑对于消除疲劳,净化和调节烦恼和紊乱情绪都会起到积极的效果。由于体育业余性、消遣性、文艺性的特点,体育又成为当代人们消遣、聚会、回归自然、调节感情、充实健康文明科学生活的重要手段。

### 案例 2-2

投掷项目对场地、器材有一定要求，除用纸飞机、自制保龄球、沙包等代替垒球和铅球锻炼投掷技术和力量以外，还可设计一些适合学生特点的情节进行教学，如原始人的围剿猎物游戏，具有时代气息的海、陆、空联合大演习（低、中、高三种投掷目标）等，只要能达成教学目标，都可以大胆采用。如把投掷课设置为“飞标”、“抛绣球”（把垒球制成彩球让学生对抛）、“打保龄球”（持实心球掷用“易拉罐”自制的“保龄球”）等，这样教学内容融娱乐性、技术性、健身性、创造性于一体，不仅激发了学生学习欲望，活跃课堂气氛，还使学生创造性思维和主体性意识在课堂中发挥得淋漓尽致，从而取得事半功倍的教学效果。

## 三、立体多元

立体多元育人以课程为单元，在教学资源这个平台上将能力培养作为轴心，把所有教学要素融合在一起，对学生实行全方位、多角度的教学。在立体多元育人教学中，教师作为教学的组织者和促进者，要以学生为中心，使学生的积极性、主动性及创造性能够得到充分发挥；教师面对学生之间不同的学习能力和学习水平，要遵循以学为本的原则，进行不同层面的教学活动，让所有的学生都积极参与到学习中来；教师通过多渠道的教学途径，运用多层面的教学方法，多维度的教学评价，实现多层次的教学目标，另外，体育教学不仅有其特性，同时也有与其他学科的共性，所以，在开展教学时，要对这种综合性、交叉线的特点进行合理把握，使学生能够形成一个立体化、多元化的知识网络。

### 案例 2-3

在蹲踞式跳远的教学中，教师可以把传统的教学步骤——助跑、起跳、腾空、落地的竞技教学方式，改变为从生活实际中越过一定高度或远度的障碍来开始自己的教学；采用“越过小河、小溪”、“越过矮墙”、“穿过窗框”等教学手段，把难点放在“团身”这个动作上面。这种教学手段对于培养学生的生存能力是非常有益的，也是符合新课程标准有关“贴近学生生活实际”的教材选取要求的。又如“变向跑”教学不应拘泥于原有固有的技术，而是通过改变方向去获得摆脱、避开对手的机会，组织学生把学到的变向跑技术运用到篮球、足球的变向运动动中，摆脱对手获得传、接球的时机。这样的运动技术教学，使学生的学习更贴近他们的生活实际，使他们对学习产生亲切感，更乐意参与学习。总之，体育教学要紧密联系学生的生活实际，让学生的生活走进体育课堂，才能更好地培养学生的创新精神、综合实践能力和个性品格，才能为学生的终身体育奠定良好的基础。

## 关键词 3

# 愉悦：给予最美妙的学习感受

快乐体育课堂要求教师的每节课都要有新意，用新鲜的事物、形式来刺激学生，增强学生活动的动力，让课堂贴近学生的需要，满足学生的心理需求，让学生体会到运动的乐趣并激发学生的运动兴趣，形成愉悦的课堂氛围。

### 一、利用风趣精彩的语言

兴趣是学习活动的重要动力，导入新课是一堂课的主要环节。教师可以根据学生的生理和心理发展及体育教材的特点，采取课前语言引趣，挖掘教材非智力因素，精心设计一个“开场白”，力求做到“趣味化”，对学生导教导行，使学生产生学习兴趣，保持良好的注意力，从而能主动、积极地进行锻炼。

**案例 3－1**

刚入学的一年级学生在初学集合排队时会互相拥挤，找不到自己的位置，甚至因为着急而乱说乱叫，针对这一现象，教师把学生四路纵队分别编成“小鸭子队”、“小黄狗队”、“小白兔队”、“小花猫队”，并给每位同学都编成号，这样一来，学生从心理上乐意接受，再集合的时候，老师就说：“看哪一队的小动物能最先找到自己的家?”加上老师的表情，语言提示，可使学生进入角色，逐渐养成良好的习惯。

## 二、营造轻松、愉悦的课堂氛围

为了使学生正确而熟练地掌握各种运动技能和提高身体素质，多次地重复某一练习是完全必要的，但是若穿插进行适宜的体育游戏，不仅能使学生保持旺盛的求知欲，无枯燥乏味之感，而且教师会收到更佳的教学效果。所以教师如能将体育教学活动处于创设的最佳教学情境之中，使学生产生贴近生活的感受，更能充分发挥体育教学的社会化功能，对提高体育教学效果起到事半功倍的作用。同时教师要有目的、有预见地给小学生“设置疑问”，让他们亲身体验解决问题的快乐感。这样既提高了小学生的学习兴趣，又能开拓学生的思路，收到了较好的效果。

### 案例 3－2

在学习障碍跑时，小学生大多都会产生恐惧心理，不能很好地完成练习，这种情况下，体育教师可以把这项教学内容创设成抗日游戏，让练习场变成游戏战场，把设置的障碍变成敌人的防线，为了获取胜利，每个学生都必须跨过障碍。通过这样的设置，小学生的情绪高涨，分散了对障碍的恐惧心理，愿意积极参与到游戏当中，既使小学生得到了快乐，也使他们掌握了体育教学内容，进而实现了教学目的。

## 三、利用灵活多变的教学方法

教学形式要多样，教师、学生、教材三者通过复杂的相互作用使教学成为一个动态的统一过程，教师采用多种多样生动活泼的、能使学生产生强烈兴趣和新鲜感的组织形式，例如，分组轮换、小组合作、竞赛、展示互动、探究讨论等，可以增强教学的吸引力，激发学生的学习热情。一是教学主题要多角度，低年级学生特别喜欢童话故事，针对这一点进行情景教学，课上先把学生的思维引入童话意境中，再渗透教学内容，可以使单调的学习变得有声有色。主题还可以是学生喜欢的动画片、电影，生活中的某一个场景等；二是教师言行要有魅力，教师在教学中要充分发挥“手势、眼神、语言”的作用，即采用“手势指挥、眼神暗示、语言激励”的组织方法，在实践中总结和挖掘其中的内涵，使自己的言行更加贴近学生，提升课堂教学的魅力。

## 四、激发学生的参与

在体育游戏的教学过程中，教师采用多种练习方法和练习手段，使小学生在生理上、心理上得到满足，从而激发小学生的锻炼热情，培养小学生参与体育活动的习惯，锻炼小学生的身心，培养小学生竞争意识和团结协作、勇于拼搏的精神。

### 案列 3－3

在上投掷“我是小小飞行员”中，教师先让学生投掷纸飞机，再“开人体飞机”，在展示了各种各样的纸飞机后，让学生在开的过程中通过小组合作制作出小组里认为最有创意的飞机。在活动中学生展开激烈讨论，每一小组都充分发挥自己的想象力，展示出了富有创新的“人体飞机”。这样使学生的练习密度得到提高，学习不会感到枯燥乏味，不仅提高学生的练习兴趣，也有利减轻身体负担劳逸结合，课堂气氛还得到了调控。

## 关键词 4

# 适宜：教学过程最优化的努力

随着体育课程改革的不断深入,那种单调划一,缺乏生机的体育教学方法已经根本不能适应“激发运动兴趣,培养学生终身体育意识”的新课程理念。课堂教学是实施素质教育的主战场,然而在这种新形势下的体育课堂教学,传统的教学方法往往会使教师的教与学生的学受到一定的局限,所以教师要研究适宜的教学方法,吸取传统体育教学方法的精髓,改革教学方法,组织形式,尊重学生多元选择和动态变化的行为需求,使学生的学与教师的教达到最大的利益协调机制。

### 一、适合儿童特点

儿童在每个阶段的运动能力发展是不同的,而且每种素质的发展都有一个黄金期,错过了这个发展的黄金期,对于孩子来讲是无法弥补的。同时,同一个水平段的儿童,也存在着较大的个体差异,每个学生自身的素质是不同的。因此在体育课堂教学中,教师应该针对不同水平学生的身心发展特点,遵循不同的教学规律与要求,进行有针对性和实效性的教法创新,调动学生学习的积极性。

小学阶段的学生身体素质与学习能力的差异更为明显,因此教师在小学体育课堂教学中要多采用“分层次教学法”,让每个学生在课堂中都能找到并实现自己的价值,而不是一味的比拼,从而提高学生参与体育课的积极性。

案例 4－1

在跨越式跳高的教学中，最后的巩固练习时，可以分为三个或者四个不同的高度，让学生根据自己的能力自主选择练习的高度，低的高度越过之后可以升到较高的高度，这样使每个学生都找到了自信，从而也提高了他们的积极性。小学生在体育动作的学习中学习能力较弱，因此教师在教授体育技能时应该采用“循序渐行”的教学方法，让学生在前期把基础打好，不要拔苗助长。

## 二、适合具体情境

小学阶段的学生活泼好动，模仿力极强，容易出现注意力不集中的问题，同时也容易被教师吸引到课堂，积极地参加课堂活动。因此，在体育课堂中，教师要根据教授的内容，多运用“情境教学法”，给学生创设一个情境，让学生深入其中，这样学生就能够主动自觉地去学习。

案例 4－2

在教授“快速跑”或者“耐久跑”等比较枯燥的课题时，教师给学生创设一个情境——“小兔子搬家”，让学生去扮演小兔子的角色，通过教师创设的情境，从盖新房运输木头，到搬家，到大灰狼追逐小兔子，学生逐步地在情境当中完成需要学习和训练的内容，学生的学习热情十分高涨。

同时，根据每个学段的学生特点，教师可以采用“游戏法”教学来达到课堂学习的目标。但是采用游戏法必须采用实用的游戏方法来激发学生的学习欲望，因而在小学阶段应选用有趣味性的体育游戏，优先采用小学生经常实施和喜欢的小游戏。例如：传统的“老鹰抓小鸡”或者“呼啦圈”等，在此基础上，我们可以根据不同年级的教学目标来进行选择，按照不同项目的教学要求来选择合适的体育游戏，以保证游戏法开展的实效性。又如,我们可以对水平三学段的学生开展跳绳接力赛或者火车赛跑,但是这两种游戏对水平一的学生来说难度较大,不宜开展,以免导致学生在游戏的过程当中受伤,或者由于心理害怕而对体育课望而却步,这样反而起到了负面的作用。

## 关键词 5

# 多元：获得高认同的学习体验

多元，指在不同的基础和能力的个体在一个共同的目标或框架下，持续并自主的参与及发展。学生的能力是多方面的，每个学生都有各自优势，学生在学习、建构教学过程活动中，表现出来的能力不是单一维度的数值反映，而是对多维度、综合能力的体现，因此对学生学习评价应该是多方面的。多元评价理论体现了主体多元化，内容多维化，方法多样化，从而促进学生全面发展。

多元化教学评价是课堂教学评价的重要方式，顾名思义是指在教学评价中学生和教师的全员参与，具体而言就是为了解学生的学习情况与表现以及达到学习目标的程度、判断学生学习中存在的不足及原因，通过学生自主评价、互相评价、教师评价，为学生提供展示自己能力水平个性的机会，并鼓励和促进学生的进步与发展、培养与提高学生自我认识、自我教育的能力。

### 一、学生自我评价影响教学过程

自我评价是学习者按照一定的评价目的与标准，对自身的工作、学习、品德等方面的表现进行价值判断，也是学生在学习过程中的自我评价，是对自己的运动技能、学习态度、情意表现与合作精神的综合评价。以学生为主体自主学习是当代教育的基本思想，教师要努力创设机会激发学生兴趣，不仅是在学生自主学习方面，同样在自主评价上也需要。教师会发现在把评价权利还给学生后,学生的自我评价会对其学习内容及整个学习过程产生积极的影响。

案例 5-1

在二年级立定跳远教学中,在诱导性练习时,可模仿小白兔跳和“青蛙过河”进行双脚起跳双脚落地练习,在我示范讲解后让学生知道做好立定跳远的要领和关键点,再让学生们分组进行练习时进行诱导,让某些学生对自己的练习进行自评。针对甲同学的表现我会问他你刚才跳的怎么样,够不够连贯流畅、跳得远不远?甲同学认为自己刚才跳得挺流畅的,就是没有有的同学跳得远,然后我又提示他按照老师开始说的几个关键要领分析一下是什么原因跳得没有其他同学远,之后他恍然大悟的认识到自己跳的时候用力不足,胳膊没有摆高,我马上对他的反思进行了肯定,继续问为什么用力不足,刚才讲的屈膝蹬地做到了没有?甲同学表示刚才下蹲的不够,想再快速下蹲用力蹬地试一次。

体育教学中,充分发挥评价主体的作用、及时让学生对自己的表现进行评价或者反思是进行高效积极主动学习的重要手段,同时也是一种启发式诱导式教学方式。

## 二、学生互评是思想观点的碰撞

互评是培养学生协作能力和合作精神的重要途径。互评的过程,实质上是小组成员思想观念碰撞,价值观相互协调和相互合作的过程,能够使学生与人的合作意识和技能不断提高。在评价中,学生学会尊重、理解他人,学会协作与宽容,加深对同伴的了解和认识,可以了解评价是如何进行的,自己是如何被他人评价的。同时,小组成员对同伴的发展状况作出判断,则要对评价的进程和质量承担责任,为自己负责和对他人负责。在培养学生的责任意识的互评中,学生一改往日作为被评价者的角色,成为对自己和同伴负责的评价者,在这种角色转化的过程中,需要教师不断给予有效的指导与帮助。

## 案例 5－2

### “往返接力赛”游戏片段

游戏规则：从起跑线出发，跑到胶圈内完成 30 次跳绳，然后再绕过标志物返回与下一个同学击掌，按此要求依次进行先完成的队获胜。

一轮比赛过后学生纷纷开始议论：有的说我们组有人不会跳绳拖了后腿，怎么也得不到第一名。有的说那我们组不也有跳得很慢的吗？有的说让不会跳的退出，还有的说跳得那么慢拖了全组的后腿，要不是因为你们我们组肯定得第一，让跳得慢的到一边去练，我们会跳的进行比赛。

学生互评要为教师和学生提供有效的反馈，要有利于学生形成积极的自我概念。教师抓住教学的契机，激励学生主动思维的积极性，让学生在兴趣的基础上主动去寻觅、求索。通过给学生们讨论的机会和时间，引导学生进行分组比赛等让学生们找到最好的适中的办法。学生们经过老师的引导可能就会提一些更人性化、更能为大家考虑的建议，跳的不太好的同学也表示自己会更加努力练习争取好的表现，这样互相带动的局面才是理想的状态，大家以后参加各种练习比赛的热情更加高涨了。

## 三、教师评价是学生进步的催化剂

教师运用恰当的评价理论和方法对学生的学习活动过程和结果进行评价，是提高教学质量的重要手段。教师对学生的评价主要注重学生参与过程性评价，减少目标性评价。如何才能做到总是给予学生积极的评价呢？一是采用标准参照的评价思路和方法。标准的评价反映的是学生是否达到了某个标准，而不是反映与其他同学之间的差距，多次评价结果的比较让学生看到的是自己的进步。二是建立多元评价标准，避免将所有学生放在同一量尺上排队。每个学生都是独特的，各有其优势和劣势。教师要将心中的评价标尺由单一的分数评价升华为分数加其他素质，使学生有更多的机会获得积极的评价信息。三是评价以尊重为基础，以接纳为前提。给予学生积极评价并不意味着不能指出学生的缺点和错误,关键是要充分尊重关爱学生,要让学生感到教师在情感上是接纳、认同他这个人的,只是不接受他的某个错误而已。

### 案例 5-3

在小学五年级垒球教学中,学生甲第一次就能投到四十米远,而能力稍差的乙学生却只能投他的一半二十米,但在经过一段学习和练习后也能投到了三十米,进步很大,而甲同学没有多大进步还是四十多米,这个时候就需要老师对学生进行差异化、全面性的评价了。甲同学起点高但最后进步不大,需要帮其分析是什么原因造成的,是学习不够认真练习不够刻苦或者态度不够端正积极?这就需要教师对其作出正确的评价促进其更大的积极性和进步;乙同学基础差起点低,但经过其努力的学习和积极的练习获得了很大的进步,虽然最后仍和甲同学有较大差距但不能以最终成绩作为评价的标准,而要对其在整个过程的积极表现给予很高的评价。

多元性的过程评价既要推进评价改革,又要抓实学生成绩考核,要尝试多主体、多方面的全面评价,重视过程评价、自我评价和相互评价,要强调通过让学生参与评价来获得学生自我正确评价,善意评价他人以及倾听他人意见的评价态度与方法,强调评价要以表扬为主,但也要用以理服人的批评手段来教育和激励学生。根据当前体育成绩考核被弱化的现象,教师要对规定教学内容的考核予以大力加强,从而实现对学生体育进步进行质性和量性相结合的评价。

# 第六章　创意美术

儿童艺术教育的本质就是创造与想象，它以审美感知为出发点，以情感为动力，使孩子们心灵在美的节奏中律动。“自由、玩美、童趣、表现”是“创意美术”的标准，我们要努力为儿童营造和谐的学习环境，激发儿童创造性思维，培养创造性人格。

- 关键词 1　自由：执自由之笔绘自由之画
- 关键词 2　玩美：携美好之情刻醇美之版
- 关键词 3　童趣：观自然之物体本真之美
- 关键词 4　表现：现妙想之意张个性之美

美术核心素养是学生人文素养的重要组成部分,包括敏锐的视觉意识,对视觉现象和美术作品能作出积极的反应;能自觉而大胆地运用美术媒材和方法表达自己的观念和情感,追求艺术化生存;能不断追求更高的审美品位,又保持自己独特的审美趣味。我们的美术教育,并非是以培养美术专业工作者为目标的,然而我们能够让学生今后成为一个有见识的、有品位的生活者,所以在美术教学中培养和提高学生的美术素养更是美术教学的本源。

因此,提出“创意美术”之主张是落实科学核心素养的必由之路。在创意美术教学实施过程中,“自由、玩美、童趣、表现”是我们检验教学成果的标准,我们努力地为学生创设氛围,营造和谐的学习环境;创设情境,激发学生创造性思维;创造机会,培养创造性人格;开辟渠道,促进学生的自我教育。

达芬奇认为视觉是人的心灵与外界沟通的要道,是最准确的感官。而美术教育是以培养和训练人的视觉感受能力和形象表现能力为重要内容的。无论是对客观物象的感知,还是对客观物象的再现以及对艺术形象的创造,都离不开视觉观察这一基本的方法。重视对学生视觉感受能力的培养,引导学生用正确的方法观察事物,养成学习生活中用心观察事物的习惯,对于学生学好美术或其他学科,发展智力、培养能力,将来从事各种工作和研究,都有极为重要的意义。事实表明,受过美术教育的人,其视觉感受能力大大强于没有接受美术教育的人。

其实,在审美过程中,触觉、嗅觉、味觉作为配合视觉的感知,具有不可言说的辅助作用,虽然触觉、嗅觉、味觉等感官感觉相对次要,但可使审美感知印象体现独特性和生动性,使综合性的美感增添了浓重的情绪色彩,这比某个感官单一感受所得到的艺术享受更丰富,因而领会得更深刻、真切。古典诗词中“余音绕梁,三日不绝”,“天阶夜色凉如水，坐看牵牛织女星”，“疏影横斜水清浅，暗香浮动月黄昏”等名句，都生动地纪录了这种感觉印象。从这个意义上说，学生绘画视觉语言的丰富离不开各感官的敏锐感知。总之，美术教育中培养学生敏锐的感知能力的过程也就是培养学生观察美、欣赏美、表现美、创造美的过程。各类知觉感受的敏锐对学生的想象、思维、创造、操作和审美都具有推动作用。

美术教育的任务就在于促进学生审美情感的产生，完善其人格，锻炼其审美的感受和表达能力。情感因素是美术教学具有活力的重要因素。从某种程度上说，情感是美术教育的核心——美术教育即是情感教育。长期以来，成人评价学生的美术作业多以画得像不像、美不美为标准，甚至在学生的心目中也是认为只有画得像现实中的物体才是好的，其实，美术作业不需要画得和真实很相像，只要学生把自己的情感倾注于画面中，就是成功的作品，学生就能创作出自己真正想画的画。

美术是情感艺术，情感性是美术的生命所在，真的是这样啊！

## 关键词1

# 自由:执自由之笔绘自由之画

"自由"是不由于外力,自己作主,即没有外在障碍而能够按照自己的意志进行的行为。美术的创作思想包括自由想象,"自由"对于孩子们的美术学习是至关重要的。

孩子们有玩耍、探险的自由。有跌倒、摔跤、流泪的自由;孩子有说话的权力,有反驳和提意见的权利和自由;每个人都有自己的爱好选择,尤其是孩子。对大千世界充满好奇,爱恨分明。他们应该按照自己的意愿去选择想要的东西,想做的事情。真正的自由在于尊重心里的想法,尊重对方心里的想法。要让孩子们享受他本应有的自由,适当的指引和帮助才是当代较为实用的教育方法。

那么在美术的课堂教学中自由究竟又是什么呢?我认为应该从以下几点说起。

第一,绘画内容方面

常有学生家长向我抱怨说他们的孩子在美术方面可能不会有太大发展,原因是他们太不听话,画的画与老师教的不一样,存在很大差距。其实,这是一种错误的想法。家长眼中所谓的"自由绘画",从另一方面来讲恰恰反映出了小学生的"个性"和"童真"。孩子与生俱来就热爱艺术,涂鸦就可以带给他们无比的快乐,把孩子的快乐进行放大、延伸和拓展,首先需要教育者开放思维,用开放的行为对待孩子,用开放的情感激活课堂,才能让我们的美术课堂真正变得自己开放。

虽然按照美术课本的内容去讲,对课堂中的绘画内容有一定的局限性,但作为美术老师应该要做到在此基础上鼓励学生大胆地创造。不要用大人的眼光去看孩子的作品，天空一定是蓝色的吗？白云一定是白色的吗？

例如：有一堂美术课，题目叫《太阳》，老师在那儿画，很简单，画红太阳。没想其中就有一个小孩画成了一个黑球，那个老师很奇怪，就问孩子为什么这样画，孩子说今天太阳死了，为什么会这样说呢？原来孩子好不容易养的两只小鸡被爸爸踩死了。孩子就是带着这种难过的心情来画画的，这种情况下他怎么能画明亮的太阳和愉快的气氛呢？另外一张四岁孩子的作品《爸爸妈妈别打了》，画面中表现人物就很独特：爸爸的头和身子都通通涂成了大红颜色，更夸张出了那种怒气；夹在中间的小小的自己，仰头大哭，一颗颗豆大的泪珠了布满了画面空间，夸张了孩子的伤心。整幅画形象生动，人物用色和形象超出常理却又在情理之中，人物心情跃然纸面。所以说，在教孩子绘画的过程中，我们首先必须要懂得孩子情感，要尊重孩子表达。

第二，教学方式方面

儿童的身心发展的特点需要美术课教学形式的多样性，美术教学形式都要面向全体学生，要使每一位学生都有能力参与，都能产生成功体验，有利于每一位学生发展自主性、能动性、独立性和创造性。游戏的形式是丰富多样的，教师在教学设计的时候可以因材施教、因班施教，其最终目的都是为了培养学生的创造能力。而且，在游戏中学生其他方面的能力也得到了均衡的发展，让每一位学生都对美术产生浓厚兴趣。关注学生学习兴趣和生活经验，关注学生的学习状态和学习体验，使用的教学形式尽量符合学生的精神需要，使学生在获得基础知识与基本技能的同时，也能产生积极的情感体验，获得自由愉快的过程享受，让学生学起来能感觉轻松、有意思，有挑战性，能受到审美陶冶，增进学生对美术的热爱。

例如：在《怪兽》一课中，讲求一种用现有生物有特征的部分重新组合成一个新的怪兽，事先准备好一些可以拆开的动物的卡纸，让孩子依据身体、手脚、尾巴、各种有趣的特征，进行重组，孩子们非常有兴趣，组合出来的怪兽也千奇百怪。

教师有了一个游戏趣味导入，学生感知了各种动物形象特征，知道了一个思维组合想象的过程，这帮助他们在纸上创作出了非常有创意的怪兽。这种游戏方式内容紧扣教学目标，又是学生乐于接受的形式，在玩中顺利地完成本课教学，教师轻松地教，学生主动地学，营造了一个宽松自由的课堂气氛。

美术教师也可以指导学生走进生活,走进大自然去欣赏生活中的美,从教学形式看,学生走进生活对景写生,有利于在真实情景中感知对象,教学过程更加充满活力,有利于学生发现大自然的美。

第三,想象方面

教师注重在各种形式的美术课堂上学生对美的感受,表现美的情趣和能力,学生的审美意识还属于较低层次的直观状态,不可能对审美产生理性认识、也无法把握美的规律,但学生易富于感情和兴趣去认识周围的事物,教师应注重在日常生活中引导学生观察、认识周围的事物。从观察到感受再到表现,是一个从感性认识上升到理性认识的一个过程,学生通过观察,了解事物的形态、形状及色彩的美,感受到了事物的可爱之处,再去表现、去创造,效果会更好。

当然,面对孩子绘画的"自由主义",也并不是一味放任自流。绘画如果始终处于自发状态,会延误孩子自主创新能力的发展。我们尊重孩子画画自组织、自生成、自发展的规律,同时也应予以适时的正确引导。我们给孩子的"自由"只是想象上的自由,思维上的放松,构思上的放开。在审美上教师一直把握着作品完成的整个过程,启发、引导、点拨大的审美知识,比如,主要的内容要画得大些,主题内容要放在视觉中心,先画主要的,后画次要的,排列的疏密变化、高低错落,线条的韵律节奏、流畅生动以及色彩的统一、对比、协调等等。

例如:在二年级《摆花样》一课中,教师让学生观察各种水果图片,这种观察仅是一种被动观察,除了看,还让学生带了真的水果,去闻水果的味道,摸水果的表皮特征,再把它切开观察水果内部,最后品尝它的味道,让学生有了对水果更丰富的感受再去塑造陶艺水果。学生只有有了对美的感受和感受到强烈表现自己感受的动力才能培养学生丰富的想象力及创造思维。

艺术家创作都非常喜欢在孩子的作品中寻找到自由无拘束的想象力。创造性思维就是以开放的心理要求孩子。不强行规定他的想法,鼓励学生异想天开的想法,创新独立,独具慧眼,别出心裁,想别人没有想到的,做别人没有做过的。想象力与创造力的培养首先要注意创意思维的培养,创造性思维是一种发散性思维,发散后再集中回归到多方法解决一个问题上去。教师的创造力教育论、知识结构、教育艺术及管理艺术对培养学生的创造力和想象力是非常重要的。在教学过程中，教师要努力为学生创设氛围，营造和谐的学习环境；创设情境，激发学生创造性思维；创造机会，培养创造性人格；开辟渠道，促进学生的自我教育。

## 关键词 2

# 玩美：携美好之情刻醇美之版

美术是一种造型艺术,视觉艺术,是静态的再现艺术。它的美在于通过线条、色彩、构图,在二度空间范围内以动人的造型,来再现现实,反映生活,表达作者的审美情感和审美理想。而儿童绘画则是人类幼稚阶段的一种天性的自然流露,是孩子纯真思想感情的倾诉,也是人潜意识的一种外溢。

教师在辅导幼儿画画时,要顺应童心、倾听他们的见解,潜移默化地引领。有人说过：童心是纯洁的,童眼是单纯的,童感是直觉的,童画是朴素的。孩子的想象是丰富多彩的,在孩子心中,他们所描绘的画是没有任何“规矩”的,完全是一种自我体验的反应。如果加上了老师的意见,就不再是孩子们对世界天真浪漫的想法,阻碍了孩子想象力和创造力的发展。教师以接纳、尊重的态度去倾听、鼓励、支持,高涨的创作热情就会激发幼儿丰富的想象。教师要充分调动幼儿的各种感官,解放孩子的头脑、身体、嘴巴、空间、时间,让他们尽兴的“玩”,尽情的画。游戏是幼儿的主导活动,如果幼儿将绘画活动当作是一种游戏,幼儿画画的过程就是游戏的过程。幼儿对绘画活动产生了浓厚的兴趣,在游戏中得到绘画的实践,绘画的技能也有了很大的提高。教师要让幼儿在丰富多彩的游戏中得到发展,引导幼儿充分感受美和表现美,从中体验快乐。

第一,让“想象”插上翅膀

美术教育是一种智力活动的教育,教师将美术视为一种认知活动。重视在经验的层次中,训练学生的感知能力,训练学生在现象世界中发现异同现象的能力,并依次对现象世界进行分类，从而上升到一般化的概括。同时，教师通过美术教育训练学生的观察能力和空间思维能力，以助益一般智力发展。

在以往的美术教学中，我们过多地强调基本功的训练，以临摹为主。老师依据教材或自己的认识在黑板上或纸上画好范图，然后让学生依葫芦画瓢，学生学得被动、消极、机械乏味，阻碍了学生个性和想象的发展。由于孩子年龄小，认知有局限，往往图画的局部与整体两方面难以一一顾及，即便是竭尽全力也往往是事倍功半，难尽如人意。

例如：在讲解《漂亮的房子》的结构、色彩、房子的大小和构图等知识的时候，教师不把基础知识当成"紧箍咒"，而是采用引导启发的现代化教学法，让学生自己去发现、创造、把隐藏的潜能发挥出来。在记忆画、想象画教学中努力培养学生的观察力和创造性思维，对那些稚拙、纯朴、生动的儿童画，不要认为技法表现不好而否定，让孩子画其所知，而不是画其所见，儿童画没有对错之分，只要表达了自己纯真的感受都是真实的，就是好作品，鼓励学生勇于想象，善于想象，让学生进行体验性、探究性学习，寻找更生动有趣的内容和信息，拓展艺术视野，会使绘画变得更有趣，内容更丰富，作品更充满活力。

游戏是小学生的主导活动，小学生好动，好模仿，行为受情绪的支配，他们是把绘画当作一种游戏来对待，来实践的。只有在这种绘画的游戏中，孩子才感无拘无束，没有精神压力，对绘画具有浓厚的兴趣，也才能把自己的内心感受幻想地尽情发挥。

第二，造就"巧手"美化生活

美术在特质上是一种动手的实际操作活动，必须培养学生一定的描摹和制作能力，以适应未来广泛的职业需要。美术的生命在于创造，美术活动既遵循逻辑思维，更重视反常的、逆向的和发散的思维。美术具有超时空的重组性表现特色，适合发挥想象和思维的自由性，容易突破人的思维定势和人对事物习以为常的观念，产生新的认识和发现。因此，在手工制作、剪贴画的教学中，我重视训练学生的能力，通过工艺学习培养学生自己动手美化生活和手工制作的能力。

例如：在美工活动制作《鸟窝》的活动中，我们给幼儿提供各种材料，如纸黏土（制作鸟窝的胚），树枝、树皮、麻绳、棕榈、果壳、茴香、扁豆、羽毛、沙子、小石子、树叶、棉絮、花瓣、布条。学生根据科学活动中对鸟窝的了解,结合平时的生活经验,可以自己把材料进行分类,分成窝内的材料和窝外的材料,然后再根据自己对鸟窝的构造所需,自由选择材料,进行制作鸟窝。孩子们探索的空间大,因此最后呈现出来的鸟窝也是各式各样的。

书本世界是现象的世界,而手工制作则让抽象世界的美变得更具体、更现实。我让学生在立体构成、纸版、正面多面体造型、线材构成、面材构成、块材构成等训练中,既了解了立体构成的基本原理,掌握了各种造型的构成方法,又提高了对各种设计中形式美规律的认识,提高了设计能力和审美能力。让孩子们用满腔热情融入多姿多彩的生活中,色彩斑斓的大自然中,鲜活有趣的奇妙想象中,亲手打造出各种作品,装点、美化生活,从中获得创造并取得成功的乐趣。

第三,多媒体教学培养兴趣

孩子的创造成果,都希望得到教师和同伴的肯定。过去,当学生完成了自己的作品时,教师一般都是拿着学生的作品点评,让学生欣赏,如果这时能用上投影仪展示作品,对学生就会有更大的激励。当孩子创作的作品通过投影仪出现在屏幕上时,孩子们都欢呼雀跃,兴奋不已。这时学生获得了极大的成就感和满足感,课堂气氛也达到高潮,同时也激发了学生较为持久的创作欲望。

例如:在上《动物面具制作》一课时,就可以让学生用纸剪贴、折叠等方式制作各种各样自己喜欢的小动物,然后让他们上台戴上自己制作的面具,模仿这种动物的叫声,还可以讲有关这种动物的童话故事,或者上台和其他同学合作扮演自己在幼儿园所学的或者在电视上看到过的卡通角色。一时间,课堂上热闹极了,学生在游戏中感到非常高兴,盼望着下一节美术课的到来,充分激发了对美术的兴趣和喜爱。

第四,重视作品的评价

评价在现代教学中越来越受到重视,没有评价的课堂是不完整的。只有通过评价,才能使孩子了解自己和别人的不同。评价能让孩子感受成功的乐趣,同时以平静的心态去认识自己和别人的不足之处,看到自己进步的足迹。但美术评价是多元的,要以鼓励为主,最好让孩子自己去发现作品的问题。而教师在评价对比中,要使学生认识自己的优、缺点,让他们在相互评价中不断提高。

游戏是幼儿的主导活动，儿童将绘画活动当作是一种游戏，儿童画画的过程就是游戏的过程，幼儿对绘画活动产生了浓厚的兴趣，在游戏中得到绘画的实践，绘画的技能也有了很大的提高。教师要让儿童在丰富多彩的游戏中得到发展，引导儿童充分感受美和表现美，从中体验快乐。

## 关键词 3

# 童趣:观自然之物体本真之美

童趣,对于小学美术课堂教学来说,我们并不是想把每一个孩子都培养成一名专业的画家,我们现在的任务是需要大家利用课堂中的每一个环节,培养孩子的美术兴趣。美术课堂中童真、童趣的激发,是学生发挥想象力、创造力的前提。小学美术教学重在培养学生的学习兴趣,而孩子们又都处于满怀好奇心的时期,我们的教学更应该维护这种童心。并和学生一起享受充满童趣的课堂教学。

例如:在《美丽的天空》一课的教学中,教师除了要让学生感受天空的美丽外,还要让学生了解天空与人们之间的关系,知道天空的变化,并用写实和幻想的方法来表现美丽的天空。在此基础上培养学生对美术学习的兴趣和热爱大自然的情感,提高学生的想像能力和创造能力。鉴于此,在教学过程中我设计了如下几个富有童趣的环节:1、激趣导入。课上,用谜语揭示主题后,我引导学生欣赏天空中的日、月、星辰、彩虹、闪电等自然现象,然后继续欣赏降落伞、飞机、气球、风筝、鸟儿等装点天空的事物,通过欣赏让学生积累接下来的创作素材。2、无中生有。接着,我出示了范例,引导学生观察老师用了哪些材料,用了怎样的方法。最后,还让学生帮我找出范例构图上的问题,通过补充构图的演示,让学生了解棉花的用法,粘贴的顺序。教学重难点一一突破。接下来就是学生的制作。从学生的制作来看,学生对棉花、布条、纸材的运用还显陌生,所以做起来显得很笨拙;而且学生制作的内容与我的范例都是大同小异,都是热气球、彩虹、白云、太阳,缺乏创意。这让我不禁反思自己的整个教学,范例的出示和分析是为了突破重难点而设计的，方法是交给学生了，但同时教师的范作、演示也限制了孩子们的思维，将学生引入了照猫画虎的境地。但没有范例又无从解决教学重难点，真是解不开的一个矛盾。课后，我进行了仔细的思考，终于找到的解决之路。也许在下节课创作之前，让学生再欣赏一些其他富有创意的作品，就能够打破学生眼前的框框，让学生为作品注入一些新鲜的元素。

儿童美术活动所表现的应该是儿童认识世界、感知世界的真情流露，儿童绘画活动是儿童与他人进行心理和情感交流的重要方式。其个性有童趣，稚拙有活力，倍感生动。其实，许多现代派绘画大师也都有“童趣”的影子，他们注重的是内心的表达，所以他们的作品才能感染到我们。美术老师必须珍视孩子们的童心，启迪思维，正确认识儿童绘画的本质，引导孩子在美术过程中保持自由，保持童趣。

## 关键词 4

# 表现：现妙想之意张个性之美

美术课堂教学面向全体学生，教师以学生为本，让学生通过看一看、想一想、试一试、说一说、乐一乐，引导学生观察欣赏发现美、描绘制作表现美，最后奇思妙想创造美，使教学凸显视觉性，具有实践性，追求人文性，强调愉悦性，注重创新性，能够发挥学生学习的主动性和创造性。教师要让学生在丰富多彩的美术材料中学会创造，引导学生充分表现艺术之美，从中体验快乐。

第一，多样化美术材料——丰富学生个性化的表达形式

最近几年，新的美术材料层出不穷，不仅给儿童美术创作带来更多新的视点，也成就了很多学生个性化的创作形式。在上人美版四年级上册第四课《在快乐的节日里》这一课时，我选择了刮蜡画的表现方法。这种方式，在课堂上我们还是第一次尝试，没有现成的刮蜡纸，我们就自己做。我叫学生用喜欢的色彩涂满整张纸，颜色随意，方法随意，然后再在上面覆盖一层黑色，把底下的彩色藏起来，还没有开始作业，就这制纸的过程就受到了大家的喜欢，做完刮蜡纸，没有刮刀，那我们就用其他工具代替，手头的笔、尺，甚至树枝都是我们现成的“刮刀”。虽然到最后，这一课的作业质量可能没有买现成的刮蜡纸制作出来的效果好，但同学们享受着这个过程，这一课，课堂气氛出奇地好，我觉得这节课成功了。

第二，合作完成作业——凸显学生个性化的表现力

儿童绘画是一个神奇美妙的世界。对教师来说，儿童美术教育工作也是任重而道

远的。在以后的教学中，需要做到认真观察、了解孩子习惯的表达表现方式和他们在绘画过程中的困难所在，把握孩子在绘画过程中的每一个自主表现的闪光点，及时启迪和提升，与孩子分享他们创作的过程与成果。

例如：在美术课堂上，特别是手工课，经常会有学生问我："老师，我能和其他人合作吗？""当然可以！"我说。于是，学生们兴奋地开始了。看来，他们乐衷于合作完成作业。在人美版四年级上册第五课《有趣的字母牌》这个课堂上，我把学生分成4人一个小组，每个小组选择由四个英文字母组成的英文单词进行设计，每个人负责其中的一个字母，四个人可以是一个系列，共同完成一个单词的设计。完成后进行字母游戏。几次尝试这样的教学后我觉得，像这种美术课，学生作业可能来不及完成的情况下，采用小组合作学习法更恰当。美术作业的表现形式是多种多样、立体化的，我们还可通过多样化的美术评价、贴近学生生活实际的美术教学，激发学生学习美术的兴趣，提高学生在美术作业的欣赏、评价、审美、创造美的能力。

周国平先生说"做人和教人在根本上是一致的。我在人生中最看重的东西，也就是我最想让孩子得到的东西。进一个名牌学校，谋一个赚钱职业，这种东西怎么有资格成为人生的目标，所以也不能成为教育的目标。我的期望比这高得多，就是愿孩子成为一个善良、丰富的人。"顺应、启发孩子的天性，运用各种美术的技法和手段拓展学生思维、开阔他们眼界、丰富他们内心，让他们生活得更有情趣，更多地感受世界的美好，让每一个来到世界的个体都有绽放自己独特光彩的权利，我想这应该是教育的终极目标。

# 第七章　多彩科学

很多时候，我们会认为，探究是科学家的事情，小孩子只是在玩玩。可是，我们知道，人类经过成百上千万年的进化获得了的想象力已经潜藏在人类基因之中。这种基因表现在儿童身上，就是好奇、好问、好探索，精力充沛、不知疲倦地探索着周围世界。也许，科学教育最重要的作用就在于保持儿童对大千世界的好奇和敬畏。

- 关键词 1　好奇：寻找问题之源
- 关键词 2　想象：为学习插上翅膀
- 关键词 3　立体：让儿童在做中收获
- 关键词 4　探究：解决问题的关键方法

列夫托尔斯泰说过“如果学生在学校里的结果是使自己什么也不会创造,那他的一生将永远是模仿和抄袭”。所以,我们必须培养创造型人才,培养学生的探究、想象、创新能力。可以展开多种创意思维,培养他们的科学素养,并以此来激发他们的科学创新能力及探究能力。

小学科学教育一直处于一个比较重要的地位,其核心目标就是帮助学生形成良好的科学素养,教会学生用积极的态度理性地、实事求是地对待生活,解决生活实际中遇到的各种问题,培养学生勇于探索的科学精神。

科学课应注意呵护儿童与生俱来的好奇心,要让儿童了解科学探究涉及的基本过程和方法,并使他们能运用这些过程和方法探究一些力所能及的科学问题,从中体验到科学探究的乐趣和挑战性,进而热爱科学。

## 关键词 1

# 好奇：寻找问题之源

爱因斯坦说过："一个问题的产生通常比它的结论的得出更为重要。"问题的提出是科学探究的开始，也是学生探究科学兴趣的所在。而好奇心则是问题产生的根源。

在小学阶段，儿童对周围世界有着强烈的好奇心和探究欲望，他们乐于动手操作具体形象的物体。这一时期是培养科学兴趣、体验科学过程、发展科学精神的重要时期。科学家韦钰说："什么叫科学家？科学家就是长大的孩子。他永远存在那种好奇心，那种进取心去探索。"培养孩子的科学素养，很重要的一点就是要培养孩子对科学的兴趣。小学生如果对科学知识的学习一旦有了兴趣，就会积极主动地进行探索。

### 一、保护学生的好奇心

作为一名科学教师，既要有一颗童真的心，也要有一颗爱孩子的心，以科学老师特有的睿智，认真地倾听和感受学生的发现、期待、热情和想象，蹲下来倾听他们的心声。在实际教学中，不要一味追求课堂教学的"效率"，而在课堂上随意打断学生的回答、对孩子专注的话题漠不关心，为了"正确"答案诱导学生猜测出老师想要的答案。要减少对孩子们兴趣盎然的探究活动的约束，从而保护他们的好奇心。

在教学《氧气》一课时，为了进一步让学生了解氧气这种看不见、摸不着、没有颜色、没有气味、没有味道、透明的气体，我演示了烧红的木炭、烧红的铁丝等在氧气中燃烧的实验。在做这个演示实验之前,我提出这样一个问题:“这些物体在空气里会怎么样? 在氧气里又会怎样呢?”多数学生猜测回答:“会慢慢地熄灭。”但演示的结果是不但没有熄灭,而且燃烧得更剧烈。顿时,课堂热闹起来,个别学生情不自禁地喊出:真奇怪!他们感到疑惑不解,经过一番热烈讨论,小结得出:氧气可以支持燃烧。为了加深学生对氧气性质的认识,培养学生运用知识解决实际问题的能力,我又提出了几个问题。如,“锅里的油烧起来了,怎么办?”,“卧室的地板小面积起火,怎么办?”,“酒精灯的酒精倒出来后,起火了,怎么办?”学生各抒己见,各有各的办法,各有各的理由。在回答问题的过程中,既开拓了学生的思路,又保护了学生的好奇心。

## 二、用孩子的眼光看科学

孩子眼中的科学和成人眼中的科学是大不一样的。科学世界在孩子们眼中永远是妙趣横生的。在他们眼中,科学是一群蚂蚁在搬几倍于它们体重的一块肉骨头,是蜘蛛能在一夜之间织成一个大网,是校园的凤凰树在秋冬季节下起了金黄的小雨。假如我们能用孩子的心态来看待事情,那么,许多平时你习以为常的事情,便会发现很神奇,甚至会觉得孩子很了不起。只有用孩子们的眼光去看待孩子的发现、用孩子的心态思考他们所遇到的问题,教师才能走近孩子,才能了解他们内心的想法,关注他们的兴趣和需要。也只有这样,教师才能不拘泥于课堂教学内容,及时地把发生在孩子们身边的有科学探究价值的趣事、奇事在科学课堂中得到探究。

在教学《燃烧和灭火》一课时,学生把火柴放在铁片上,用酒精灯加热,一会儿火柴的温度达到了燃点,自燃起来了,做完后,有个学生问我,把纸放在铁片上加热能不能也燃烧,我在课前根本没有想到这个问题,为了学生的探究兴趣,我又让他们把纸放在铁片上加热,看能不能也燃烧,最后,纸也燃烧起来,我认为这样做很有必要,让他们敢想,敢做,敢探究学习,这样学生的兴趣得到了培养,探究欲望得到了加强,相信他们对于科学课也会感兴趣,只要是学生想探究的问题,教师都应感兴趣,站在学生的角度上想问题,相信我们会有更大的收获。

只有学会了探究的方法,提高了探究的能力,学生才能在科学研究中尝试到成功的滋味、探究的乐趣，从而使对科学的好奇心增强。所以，在科学课堂中，我们也应注重科学课堂师生的交往，多开展在师生之间、同学之间的广泛交流，与学生共同参与观察探究活动。“授之以鱼，不如授之以渔”，培养学生主动探究的能力，目的是为了让学生展开探究的翅膀，具备更多独立解决问题的能力，保持一颗好奇的心。

教师要培养学生对科学的好奇心，培养每个学生的科学素养，打开每个学生的心窗，每一扇窗的后面都是一个不可估量的宇宙，每一扇窗的开启，都是无法预测的创新。

## 关键词 2

# 想象:为学习插上翅膀

想象是对头脑中已有的形象进行加工和改造的心理过程。因此大脑中贮存的形象越多,形象思维越活跃,想象力就越强。

想象是在外界现实刺激物的影响下,对人脑中已有的表象经过改造和加工产生从来没有接触过的新形象的心理过程。它与感知、记忆、思维有着密切的关系。简单地说,没有感知和记忆,想象就成了空想,是毫无目的、毫无意义的空泛地胡思乱想。而想象与思维更是密不可分,通俗地说想象就是形象思维。对于学生来说,形象思维占据了其很大的思维空间,渗透在其学习生活的各个方面,是其完成学习任务必备的心理品质,特别是在发展思维、形成概念中,想象更加具有重要作用。

### 一、扩大知识领域,储备丰富表象

人的想象不是凭空产生的,所有的想象都是利用感知所形成的表象而创造出来的。因此,广泛的感知,丰富的经验,渊博的知识是培养想象力的基础。也就是说,占有的客观材料越多,知识越丰富,想象力就越广阔越深远。因此学生加强课外阅读无论从心理、生理还是外部环境来说都是很有必要的。无论是社会科学读物还是自然科学读物,学生都要广泛涉猎,在大脑中贮备尽可能多的表象。当然,想象力不完全取决于知识的多少。有的学生思想僵化,见解和观念陈旧,不能充分利用已有的知识展开自己想象的翅膀，结果往往会被知识所束缚。

## 二、不断积累感性材料

想象是对头脑中已有的形象进行加工和改造的心理过程。因此大脑中贮存的形象越多，形象思维越活跃，想象力就越强。感性材料的积累靠观察和注意，观察生活，留意生活，做生活的有心人，就会潜移默化地获取许多书本上所不能获取的感性材料。

那么，感性材料的积累有哪些途径呢？主要是多观察，多留心生活，形式可采取参观、考察和社会实践等，通过这些形式，不断积累感性材料，可为想象思维准备丰富的素材。

## 三、科学运用联想法

大家都知道，世界上的一切事物虽然形态不同、质量有别，但是客观事物都不是独立地存在，而是有着千丝万缕的联系。人们在学习活动中，利用此一事物同彼一事物之间的联系，由当前感知的事物回忆起有关的另一事物，或者由所想起的某一事物又想起了有关的其他事物，这种心理活动就是联想。由“气候的海洋性特征”想到“气候的大陆性特征”；由“蛇、青蛙和飞蛾三者关系”想到“食物链”等等，这些都是学科里经常运用联想法学习的知识内容。要说想象的方法，主要就是联想法。

## 四、多途径培养想象力

根据生理心理学家的发现，人的大脑有四个功能部位，即感受区、贮存区、判断区、想象区。科学家之所以具有丰富的想象力，就是因为他们大脑中的想象区经常处在一种积极的兴奋状态，善于想象构思，善于创造新形象，而一般人对想象区潜力的挖掘是不够的，所以老师不能单纯传授知识，还要注意培养学生的想象力，不断提高学生的创新精神。学生在学习生活中要自觉地加强想象力的训练，开展丰富多彩的课外活动，特别是科技小发明小创造活动,智力竞赛活动等,不断加强对自身的创新意识、创新思维、创新精神的培养,发展想象力。

## 案例2-1 想象让课堂更加丰富多彩

1. 谈话导课

师:"今天老师给大家带来一段非常有趣的录像,你们想不想看?"同学们一定要瞪大眼睛认真仔细的看,一会儿还要回答老师的问题。(老师播放录像)师问:"大家能看出来是个什么故事吗?"(学生回答:螳螂捕蝉,黄雀在后)"同学们真聪明!老师给大家看成语故事可不是要给大家讲语文课,而是在这个成语故事里,蕴含着有趣的科学道理,那在这个故事里,你能看出谁被谁吃吗?"(学生回答:蝉被螳螂吃,螳螂被黄雀吃。)师:"那蝉吃什么?"(生:树。)"黄雀会不会被其他动物吃呢?(完善板书:树汁→蝉→螳螂→黄雀)对!在这个故事里,树、蝉、螳螂、黄雀以这种食物关系密切地联系在了一起,这种关系就像链条一样,我们把它叫做食物链。(板书:食物链)在自然界,很多的动植物之间都存在着这种食物关系。"

2. 师生互动,共同研究

(1) 指导学生认识食物链、食物网。(出示课件:草原生物图)师:"请看,美丽的大草原,仔细观察,草原上生活着哪些生物?"生:"有梅花鹿、野兔、狐、猫头鹰、豹、羚羊。"生:"还有鹰。"生:"还有田鼠和蛇。"生:"还有草和大树。"教师随学生的回答把它们板书黑板上。[意图:在学生充分观察的基础上,尽可能多地说出动、植物的名称。按植物、植食动物、肉食动物的顺序板书,为画食物链,形成食物网作铺垫]师:"同学们观察得真仔细,它们共同生活在草原上,接下来,我们小组合作,找出其中的食物链,看哪个小组找的最仔细,最全面?"(小组合作交流、探讨)汇报:"我们按'谁被谁吃'的顺序来汇报食物链,哪个小组先来?"生:"草被鹿吃,鹿被狼吃,狼被豹吃。"(教师板书:草→鹿→狼→豹)师:"你还能再说出几条食物链吗?"生:"草→牛→豹"生:"草→鼠→猫头鹰"学生回答后,教师板书。师:"观察板书,你发现了什么?"生:"每条食物链从植物开始,到凶猛的肉食动物结束。"生:"箭头指向猎食者。"生:"动植物之间存在着多种食物联系。”生：“如果没有植物，动物就不能生存。”生：“很多条食物链交叉在一起，就像一张网。”师：“同学们真了不起，你们的发现让老师感到吃惊。有的同学发现这些食物链交叉在一起，就像网一样，我们叫它食物网。这些生物共同生活在一起，就构成了密切联系的生物界。”（板书课题）[意图：学生边说食物链，教师边画箭头，学生就会发现有很多交叉，从而建立食物网的概念]（2）演一演生物之间的食物关系。师：“食物网中，当一种生物消失后，会发生什么变化呢？让我们演一演生物之间的食物关系。”（出示图片：小麦、高粱、狗尾草、麻雀、鼠、蝗虫、蛇、猫头鹰）A、请8名同学分别代表上面的8种生物，把代表生物的头饰戴在头上。B、代表植物的同学站在第一排，代表植食动物的同学站在第二排，代表肉食动物的同学站在第三排，散开来。C、让五名代表动物的同学介绍它们的食物来源，有几种食物来源就拿几根松紧带在手中，将松紧带的另一端给食物来源。D、连接完毕后，将持绳的一手高高举起。E、教师扮演猎人把麻雀打死，“麻雀”蹲下，并将手中的松紧带扔掉。师：“谁来说说你们此时的体会和感受？”生：“麻雀打死后，有很多条食物链都断了。”生：“缺少了一种生物，食物网就有了一个洞，洞会越来越大。”生：“我们不能破坏大自然，要保护生物。”生：“如果破坏了大自然，就会受到大自然的惩罚。”[意图：通过表演，理解每种生物在食物网中都有重要的作用，都有存在的价值，我们千万不能人为地去破坏，否则就会导致生态不平衡，受到大自然的惩罚]

3. 小小科学家活动

师：“同学们的说法都很好，生物界中每一种生物都有它的作用，请听小故事！”（出示课件：屎壳郎出国）（找学生读）师：“看了这段资料，你有什么体会和感想，谁想说一说？”（学生发表见解）师：“同学们说得太对了。自然界中的生物都是密切联系的，只有保护好每一种生物，与生物和谐相处，我们的生活才会更美好。”[意图：要保护大自然中的每一种生物，要保持生态平衡，人与大自然要和谐相处]

4. 课堂评价

师：“通过本节课的学习，你有何感想和收获？”生：“前几天，我们这里刮了沙尘暴，我想就是人们破坏了植物的原因。”生：“以后，每年植树节，我都会植树，预防沙尘暴。”生：“我看见破坏大自然的行为，会上前制止。”生：“我懂得了，保护大自然，就是保护人类自己。”生：“生物是密切联系的，我们要和生物和睦相处。”[意图：通过课堂评价，学生联系实际谈了自己的感想和体会，使本课的主题得以升华]

5. 课处延伸

查阅资料：如果不采用农药灭虫，怎样防止植物遭受虫灾？

关键词 3

# 立体：让儿童在做中收获

小学科学课是以培养小学生科学素养为宗旨的科学启蒙课程。亲身经历以探究为主的学习活动是科学课的主要学习方式。科学教材中安排了各种各样的活动，其中就有许多的科学探究实验，科学课的学习就是要让学生通过参加这一系列的活动来提高自身的观察能力、思维能力、实践能力。

科学课要培养学生动手能力，就必须使学生对科学课程产生兴趣，亲近科学，引领学生从身边的问题入手，让他们大胆地发挥，勤于动手，不能把课堂变成教师一人讲演的场所，剥夺属于学生的活动，让他们失去活力和创造力。让他们走进生活，亲身经历以探究为主的学习活动，开展小实验、小制作，养成主动参与探究科学的行为习惯。作为一个科学课的教师，要抓住时机，利用资源，让学生动手，从做中学，在做中乐，在做中有所收获，亲历科学探究的过程，提高学生的动手操作和实践能力。

在科学的教与学过程中，我们的教师和学生一直延续着“说”的比“做”的多，对结果的现成引用远远看得比探究这个结果是如何得来的重要得多。全面的科学教学既要求传授知识和技能，更要训练科学方法和思维，还要培养科学精神和品德，而在我们的科学教学中，培养人的动手能力、实验操作能力至关重要，所以创设趣味实验，要注意人人都熟悉的一种心理现象，把学生吸引到注意听课，喜欢自己参与动手这样的课堂上来。

### 案例3-1 科学小实验之神奇的泡泡水

城阳区实验小学:仇子玥、于昊颖、仇双旗

大家好!我们是城阳区实验小学六年级三班的学生,我叫仇子玥,我叫于昊颖,我叫仇双旗,今天,我们要为大家展示一个创新小实验《神奇的泡泡水》。

实验中我们要用到:水槽、棉线、洗涤剂、滴管、水。

大家看,现在我把这根棉线系成一个圈,你们能把它很圆很圆的放在水面上吗?

仇子玥:我能。咦?怎么回事?怎么不是很圆?

仇双旗:看我的。用滴管将一滴洗涤剂滴入圈中的水面上。线圈瞬间变得很圆。

众:哇,真神奇,为什么呢?

仇双旗:因为水有表面张力,我往线圈中加入的洗涤剂,是它破坏了线圈内水的表面张力,但线圈外水的表面张力依然存在,而且各个方向的拉力又是一样的,在这样的拉力下,线圈就变圆了。

于昊颖:其实我们平时玩的泡泡水也是因为加入了一种物质,破坏了水的表面张力才吹出泡泡的。

这是我做的泡泡水,你闻闻加入了什么?

"洗发精的味道。"

"这瓶呢?""洗衣粉的味道。"

在水里加入洗涤剂、洗衣粉、肥皂水、洗发精都能做出泡泡水。

仇子玥:我的泡泡水里加了一点爸爸喝的茶叶水,能让泡泡很漂亮,我吹一吹给大家看看。

后来,我们发现这种泡泡很容易破,我们又往里加了一点胶水,结果吹出来的泡泡保持的时间长了。

其实,生活中只要我们肯动脑筋,就能利用学过的科学知识让我们的生活变得更加丰富多彩。

## 关键词 4

# 探究：解决问题的关键方法

列夫·托尔斯泰说过："如果学生在学校里的结果是使自己什么也不会创造，那他的一生将永远是模仿和抄袭。"面对二十一世纪的人才，我们必须进行培养创造型人才的基础教育，要从培养科学探究品质，科学探究思维能力和科学探究精神，科学探究动机等基本素质开始教育，这也是培养未来发明者、科学家的启蒙教育。为更好地了解小学科学课，走进小学科学教学课，区分好自然教学与小学科学教学，我借此机会跟各位同行谈谈小学科学课中培养学生的科学探究能力的一点看法，以此来给大家一点参考的信息，以便日后在小学科学课的教学过程中能注意到有关培养科学探究能力问题。

"探究"是求索知识或信息，特别是求真的活动；是搜寻、研究、调查、检验的活动；是提问和质疑的活动。学生的科学探究式学习活动在本质上与科学家的科学探究活动有很多相似之处。探究式学习既是小学生科学学习要达到的目标，又是小学生科学学习的主要方式。

### 一、精心设疑，促使学生动脑筋想问题

问题是引起思维的动因。当问题刺激大脑，大脑就会大大地加紧活动，甚至可能想出自己也料想不到的新认识，好办法来。因此，在教学中提出富有启发性的问题（特

别是问题的答案与学生预想相反的问题），采用设问、追问、反问等方法，对于激发和发展学生的思维有重要意义。在教学《氧气》一课时，为了进一步让学生了解氧气这种看不见、摸不着、没有颜色、没有气味、没有味道、透明的气体，我演示了烧红的木炭、烧红的铁丝等在氧气中燃烧的实验。在做这个演示实验之前，我提出这样一个问题：这些物体在空气里会怎么样？在氧气里又会怎样呢？多数学生猜测回答：会慢慢地熄灭。但演示的结果是不但没有熄灭，而且燃烧得更剧烈。顿时，课堂热闹起来，个别学生情不自禁地喊出：真奇怪！他们感到疑惑不解，经过一番热烈讨论，小结得出：氧气可以支持燃烧。为了加深学生对氧气性质的认识，培养学生运用知识解决实际问题的能力，我又提出了几个问题。如，"锅里的油烧起来了，怎么办？"，"卧室的地板小面积起火，怎么办？"，"酒精灯的酒精倒出来后，起火了，怎么办？"……学生各抒己见，各有各的办法，各有各的理由。在回答问题的过程中，开拓了学生的思路，发展了学生的思维。

## 二、巧设障碍或矛盾，促使学生想办法解决问题

为了调动学生积极开展思维，改变过去实验时动手多，动脑少，按着课本或教师的提示，照着葫芦画瓢的做法，我在设计教学时经常增加一些实验，有时还有意设置一些障碍，以促使学生动脑筋、想办法。在教学《热空气》一课的导入新课环节中，我做了一个演示实验"会转动的纸蛇"，学生看到原来不会动的纸蛇在酒精灯火焰的上方旋转起来了，都很奇怪。这时我要求学生研究实验装置，找出其中道理。学生经过积极思考、观察实验，发现是向上流动的空气使纸蛇旋转起来，同时他们还发现"风的形成演示箱"里的空气因为受热而上升，以及旁边的空气流过来补充的现象。经过讨论他们还发现了地球上的风其实也就是这样形成的，不禁露出成功的喜悦。这样，既动手又动脑，不仅使学生的思维能力得到发展，同时还培养了他们解决问题能力。

恩格斯曾说过：只要自然科学在思维着，它的发展形式就是假设。牛顿也曾说过："没有大胆的假设就做不出伟大的发现"。"假设"作为科学认识过程中的基本环节，在培养学生创造性思维，自行探究的学习过程中有着不可替代的作用。提出假设

就为问题的解决搭起了从未知到已知的桥梁。当学生发现问题后，他们很想知道“为什么？”他们的脑海中即会出现一个个猜测性的答案。在教学《燃烧和灭火》一课时，学生把火柴放在铁片上，用酒精灯加热，一会儿火柴的温度达到了燃点，自燃起来了，做完后，有个学生问我，把纸放在铁片上加热能不能也燃烧，我在课前根本没有想到这个问题，为了学生的探究兴趣，我又让他们把纸放在铁片上加热，看能不能也燃烧，最后，纸也燃烧起来，我认为这样做很有必要，让他们敢想，敢做，敢探究学习，这样学生的兴趣得到了培养，探究欲望得到了加强，相信他们对于科学课也会感兴趣，只要是学生想探究的问题，教师都应感兴趣，只有这样，学生的探究式学习兴趣才能够得到培养。

因此，教师要鼓励学生大胆地作出假设。纵然孩子们提出的假设可能不够合理与深刻，但是这毕竟是孩子基于他们已有的认识与经验而对未知所做出的推测；同时，这也是从问题此岸过渡到答案彼岸的桥梁。即使孩子走了弯路，这种体验与经历也是难能可贵的，它促使孩子反思出错的原因，而探究学习中最主要的价值正在于其对孩子成长发展所起的作用。

## 三、发挥现代教育技术优势，加深对所探究知识的理解

教学中要求学生观察的内容很多，但是有些内容需要观察的时间很长，一堂课根本无法完成。这时，可以利用现代教育技术的丰富表现力，把在教室里或在当时当地无法看到的，但又必须让学生观察的事物展示在他们的面前，再现事物发展的全过程，有效地揭示客观事物的本质和内在联系，使学生在很短时间内完成观察任务。在教学《植物怎样度过“一生”》、《人类的进化》等内容时，虽然我们可以通过课本上的照片来解释，也可以用相关标本进行直观教学，但实际效果总是不尽如人意。利用多媒体，我们便可以将它们的发育、进化过程直观形象地展现在学生面前，跨越了时空限制，最大限度地满足了学生的求知欲望。此外，在教学中涉及的一些珍禽异兽、古代生物、火山、地震等很难见到的自然事物、景观，都可以利用多媒体技术展示在学生眼前，使学生如临其境，印象深刻，不仅在知识上得到满足，而且学习情感、态度上更是得到整体提高，其效果是传统学习方式所无法比拟的。

实验在小学自然教学中占有相当重要的地位,它是科学探究的重要一环,有助于培养学生实践能力,帮助学生理解知识点。但是有些实验难度较大,如果只让学生看图、看文字说明或听教师讲解、看教师示范,往往会因记忆不清造成步骤错乱,甚至操作失误等。在教学《给水加热》中学习使用酒精灯加热试管里的水,《显微镜的发明与发展》中学习使用显微镜观察各种生物切片标本的方法等实验活动,操作步骤复杂,注意事项很多,如果利用多媒体课件,把实验操作方法和过程制成卡通图片、简单动画等加以形象演示,学生能够很快知道操作要领,这样,既增强了实验效果,避免了时间上的浪费,又能教给学生正确的观察实验方法,加深学生对科学知识的理解,有目的地培养了学生的探究能力。

## 四、让学习目标成为学生的内在需要

在教学过程中,教师要引领学生由认同目标,自主选择目标,逐步过渡到自我设计学习目标,确立自己的知识技能目标,诱发他们"我要学"、"我要发展"的内在需要,激发他们的学习动机,使其主动参与教学过程,获得教学的成功。这就在潜移默化中使学生领悟了"自主",确立了学习过程中的"自我"。在教学《纸张》一课时,教师先和大家设定研究目标,接下来让学生自己思考,自己提出问题和选择方法,进行探究。在这节课中我们看到:有的学生选择"比较纸的吸水性"进行研究,选用宣纸、牛皮纸、瓦楞纸、书写纸来研究,将这些纸滴上红墨水,看哪种纸吸水快,并且提出了需要注意的地方,如滴水时要同时滴,水量要一样等;有的学生选择"比较纸的承受拉力程度"进行研究;有的学生选择"比较纸的承受弯曲能力"等等。由于学习内容是自己选择的,他们在学习时也特别认真,思维十分活跃,神情也十分专注,仿佛像科学家那样在"真刀真枪"地进行研究。又如,在教学《点亮我的小灯泡》一课时,学生用教师提供的一节电池、一个小灯泡和一根电线,用小组合作的办法,把小灯泡点亮,并要求把小灯泡连接的方法画在科学记录表上。各个小组有序地投入到合作学习中,过一会儿各小组陆续完成了任务,只有一组的小灯泡始终没亮,他们在别组的欢呼声中变得更加着急,当教师发现了这组的情况后,不是叫他们停下来,而是很亲切地安慰他们:"没关系,慢慢来，要不要老师帮助?”在老师的鼓励下，他们又忙乎起来，但见一个同学一手拿电池，一手拿电线与电池的负极相碰，另一同学一手拿电线的另一头，与电池的正极相碰，另一只手拿小灯泡碰电池的正极。当老师发现了这一情况，马上轻轻地提醒他们："小灯泡有两个连接点，你们只用到一个连接点，还有一个连接点是不是也要用起来?”在老师的引导启发下，他们轻轻地商量了一下，马上修改连接法，终于点亮了小灯泡，使每一个学生尝到了成功的喜悦。

## 五、提供有结构的研究材料，为学生探究活动创造条件

提供有结构材料，能有效为学生探究获取知识创造条件。教学实践证明，学生能归纳、概括出科学结论，是由于他们对有结构材料的观察、实验、分析综合，因此，提供结构材料就显得尤为重要。所谓“结构材料”是指材料的构成和搭配是根据所学知识认知原理精心设计的，各种材料之间具有内在联系，材料间的相互作用，可以为学生学习某种知识，提供比较丰富的感性认识，能启发学生思路朝着建立某种概念，归纳某种规律方向发展。在教学《流动的空气》一课中，为揭示“热空气上升，冷空气补充，产生空气对流而形成风”这一科学现象，我准备了两组材料，一组是可以游动的小纸蛇，在火焰上面转动，从而揭示热空气上升；另一组材料是一个两端(上表皮用硬纸板制成)露出小孔(大孔防止被蜡烛点着，小孔插入蚊香用)的封闭塑料水槽，并提供蜡烛、蚊香，用水槽内的环境模拟地球地表环境，蜡烛模拟温度高的地区，蚊香显示空气的流动，学生在点燃蚊香和蜡烛后看到烟(空气)的流动情况，不仅明白了热空气上升，冷空气流向和热空气的空气流动规律，而且能轻易地理解自然界风的形成原因。在这个过程中材料在形式上的启发性结构起到了决定性的作用。这是学生通过自己的观察、实验、分析综合得出来的认识，因而是真实、生动、具体的，也是学生终生难忘的。提供有结构材料，是教师为学生实验活动和获得某种概念创造的条件，对发展儿童学科学的兴趣，培养学生独立、自主获取知识的发展能力有着积极作用。

## 六、利用积极评价,形成良好的探究习惯

一提到评价,老师们往往会联想到考查、考试。其实对学生的科学探究能力评价涉及许多方面,考查、考试只是一个很小的方面。在科学课的标准中,对学生的评价问题作了详细的叙述。课程标准中强调"科学课程的教学评价主要是为了促进学生的学习和发展,因此评价就不能仅在学习过程结束后再进行,而必须伴随于教学过程之中"。因此,科学探究能力的评价不仅要关注学生的探究结果,更重要的是关注他们的探究过程。关注学生在进行科学探究活动中,他们对自然事物的观察、发现以及提出问题的能力;在探究实验中的设计实验、动手操作能力;对观察、实验中各种信息的搜集、整理、分析、推理、归纳、总结、质疑、交流、评议等能力的提高。在情感、价值观等方面的发展过程中都体现了学生科学素养的发展。这些方面都是评价科学探究能力的重要方面,这是一张试卷所不能体现的。只有注重了探究过程的评价,才能有一个好的结果。另外,评价的方法也应该是多种多样的。不只是考试这一种形式。例如:教师平时为学生建立一个探究过程的记录本,及时记录学生的各种变化,从发展变化的程度上反映学生的探究能力。通过实验竞赛等形式来评价学生的动手实验能力。还可以让学生通过完成一定的自然环境、自然事物或自然现象等的考察研究,撰写考察报告来反映学生的综合素质能力等等。在对学生的科学探究能力评价时,应让教师、学生、家长甚至社会成员参与。总之,教师应重视对学生的评价,应有一个公正、积极的评价,以促进学生科学探究能力的提高。

# 后记

品语文之醇美、叹数学之趣味、享英语之烂漫、赏音乐之缤纷、玩体育之快乐、赞美术之创意、呈科学之多彩……臻美课堂，多元至美。

学校是学生学习的地方，同时，又是其幸福成长的乐园。丰富多彩的课程，生动活泼的课堂，让孩子们不仅有了施展才华的舞台，也有了乐在其中的感受。愉悦的心境，不仅让孩子们当下有一种其乐无穷的审美感受，还会向未来的生命延伸，以美促美，美其所美。

语文丰富其底蕴，数学构建其思维，英语散发其热情，音乐迸发其活力，体育塑造其健美，美术提升其品位，科学开拓其创造……丰富多彩的课程为孩子们的全面发展、个性发展铸就了坚实的阶梯。

任何大的成功，都要有一个开始，也需要一个过程，课程建设如斯然也。诚如老子所言："合抱之木，生于毫末；九层之台，起于累土；千里之行，始于足下。"可以设想，伴随着学校"臻美课堂"的日趋完善，伴随着实小人"笃行之"的教育热情，孩子们会因为喜欢上课程而爱上学习，从而受益终生。

"游于艺，兴于诗，立于礼，成于乐……"让学生在"臻美课堂"熏陶中感受快乐，让美在无形之中浸润学生的心灵，从而让孩子更具幸福感，更具生命的灵性，让其内心更加丰盛。"臻美课堂"不仅打造了孩子们健壮的体魄，还涵养了孩子们美好的心灵。孩子们因为有了丰富而美好的心理感受，会感到学校生活更加地美好，并有可能将这种美好的感觉伴随着其终身的生命不断成长。"臻美课堂"的多元呈现也让孩子们的思维具有了更加宽阔的广度和更加深刻的深度，能够积极打开孩子们思维的通道，让其思维奔放起来。

"臻美课堂"绽放出迷人的教育环境，为学校烙上"尚美"的文化符号，学校到处弥漫着育人的功能，这种育人是柔和的，甚至是无声的。身处美的环境之中，也就自然而然地受到了美的熏染。这种美,不管是朴实无华,还是华彩迭章,都会给人以道法自然的亲切之感。心灵美蕴藏于心底,行为美昭示于外在。恰如《大学》所言之“诚于中,形于外”也!

“蓬生麻中,不扶自直;白沙在涅,与之俱黑。”“臻美课堂”的建设让孩子们时时处处感受到美的存在,相信不久的将来,孩子们“久入芝兰之室”也必定会随身散发馨香。

# “品质课程”阅读书目

| | | | |
|---|---|---|---|
| 学校整体课程规划 | 978-7-5760-0423-6 | 48.00 | 2022 年 1 月 |
| 推进育人方式变革的区域教学改进研究 | 978-7-5760-2314-5 | 56.00 | 2021 年 12 月 |
| 学校整体课程规划的七个关键 | 978-7-5760-0424-3 | 62.00 | 2021 年 3 月 |
| 课堂教学的 30 个微技术 | 978-7-5760-1043-5 | 52.00 | 2020 年 12 月 |
| 教学诠释学 | 978-7-5760-0394-9 | 42.00 | 2020 年 9 月 |
| 原点教学：提升区域育人质量的策略研究 | 978-7-5760-0212-6 | 56.00 | 2020 年 8 月 |

## 品质课程聚焦丛书

| | | | |
|---|---|---|---|
| 自组织课程：语文学科课程群新视角 | 978-7-5760-1796-0 | 48.00 | 2021 年 12 月 |
| 数学作为学习共同体：一种新的数学课程观 | 978-7-5760-1746-5 | 52.00 | 2021 年 12 月 |
| 学科育人的整体课程范式 | 978-7-5760-2290-2 | 46.00 | 2021 年 12 月 |
| 聚焦育人质量的学科课程设计 | 978-7-5760-2288-9 | 42.00 | 2021 年 11 月 |
| 活跃的学习图景：学校课程深度实施 | 978-7-5760-2287-2 | 48.00 | 2021 年 11 月 |
| 学科文化：英语学科课程新视角 | 978-7-5760-2289-6 | 48.00 | 2021 年 12 月 |
| 课程联结：学科课程群设计方法 | 978-7-5760-2285-8 | 44.00 | 2021 年 12 月 |
| 数学学科课程决策：专业视角 | 978-7-5760-2286-5 | 40.00 | 2021 年 12 月 |
| 特色项目课程：体育特色课程的校本建构 | 978-7-5760-2316-9 | 36.00 | 2021 年 12 月 |
| 进阶式探究课程设计：学科整合视角 | 978-7-5760-2315-2 | 38.00 | 2021 年 12 月 |

## 学校课程发展精品丛书

| | | | |
|---|---|---|---|
| 学科课程群与全经验学习 | 978-7-5760-0583-7 | 48.00 | 2021 年 1 月 |
| 育人目标与课程逻辑 | 978-7-5760-0640-7 | 52.00 | 2021 年 2 月 |
| 学科课程与深度学习 | 978-7-5760-0505-9 | 52.00 | 2021 年 2 月 |
| 学校课程的文化表情：百花园课程的学科指向与深度实施 | 978-7-5760-0677-3 | 38.00 | 2021 年 2 月 |
| 学校文化与课程变革 | 978-7-5760-0544-8 | 62.00 | 2021 年 2 月 |
| 语文天生重要：语文学科课程群设计 | 978-7-5760-0655-1 | 44.00 | 2021 年 2 月 |
| 五育并举的课程体系：致良知课程的旨趣与探索 | 978-7-5760-0692-6 | 48.00 | 2021 年 1 月 |

| | | | |
|---|---|---|---|
| 学科课程与育人质量 | 978-7-5760-0654-4 | 48.00 | 2021 年 1 月 |
| 在地文化与课程图谱 | 978-7-5760-0718-3 | 46.00 | 2021 年 2 月 |
| 中观课程设计与学科课程发展 | 978-7-5760-0624-7 | 36.00 | 2021 年 1 月 |
| 大教学：英语学科核心素养培育的课程模式 | 978-7-5760-0462-5 | 46.00 | 2021 年 1 月 |

## 特色学校聚焦丛书

| | | | |
|---|---|---|---|
| 儿童是天生的探索者：360° 科学启蒙教育 | 978-7-5675-9273-5 | 36.00 | 2020 年 2 月 |
| 做精神灿烂的教师：教师自我成长的 5 个密码 | 978-7-5760-0367-3 | 34.00 | 2020 年 7 月 |
| 让教育温暖而芬芳 | 978-7-5760-0537-0 | 36.00 | 2020 年 9 月 |
| 快乐教育与内涵生长 | 978-7-5760-0517-2 | 46.00 | 2020 年 12 月 |
| 故事教育与儿童发展 | 978-7-5760-0671-1 | 39.00 | 2021 年 1 月 |
| 美好教育：学校内涵发展的循证研究 | 978-7-5760-0866-1 | 34.00 | 2021 年 3 月 |
| 把美好种进儿童心田 | 978-7-5760-0535-6 | 36.00 | 2021 年 3 月 |
| 倾听生命的天籁："天籁教育"的实践与探索 | 978-7-5760-1433-4 | 38.00 | 2021 年 9 月 |
| 为了每一个孩子的美好心愿 | 978-7-5760-1734-2 | 50.00 | 2021 年 9 月 |
| 向着优秀生长："模范教育"的理念与实践 | 978-7-5760-1827-1 | 36.00 | 2021 年 11 月 |
| 让个性自然发荣滋长："引发教育"的理论寻源与实践探索 | 978-7-5760-2600-9 | 38.00 | 2022 年 3 月 |

## 跨学科课程丛书

| | | | |
|---|---|---|---|
| 大情境课程：主题设计与创意评价 | 978-7-5760-0210-2 | 44.00 | 2020 年 5 月 |
| 社会参与素养的培育模型与干预机制 | 978-7-5760-0211-9 | 36.00 | 2020 年 5 月 |
| 大概念课程：幼儿园特色主题活动设计 | 978-7-5760-0656-8 | 52.00 | 2020 年 8 月 |
| 项目学习：进入学科的课程智慧 | 978-7-5760-0578-3 | 38.00 | 2021 年 4 月 |
| STEAM 课程的设计与实施 | 978-7-5760-1747-2 | 52.00 | 2021 年 10 月 |
| 幼儿个性化运动课程 | 978-7-5760-1825-7 | 56.00 | 2021 年 11 月 |
| 幼儿园特色课程的框架与实施 | 978-7-5760-2598-9 | 48.00 | 2022 年 3 月 |

## 核心素养导向的课堂教学丛书

| | | | |
|---|---|---|---|
| 转识成智的课堂教学：核心素养导向的历史教学 | 978-7-5760-0164-8 | 40.00 | 2020 年 5 月 |

| 书名 | ISBN | 定价 | 出版时间 |
|---|---|---|---|
| 学导式教学：学会学习的教学范式 | 978-7-5760-0278-2 | 42.00 | 2020 年 7 月 |
| 高阶思维教学的关键技术 | 978-7-5760-0526-4 | 42.00 | 2021 年 1 月 |
| 会呼吸的语文课：有氧语文的旨趣与实践 | 978-7-5760-1312-2 | 42.00 | 2021 年 5 月 |
| 高阶思维教学的核心指向 | 978-7-5760-1518-8 | 38.00 | 2021 年 7 月 |
| 磁性课堂：劳动技术课就这样上 | 978-7-5760-1528-7 | 42.00 | 2021 年 7 月 |
| 核心素养导向的作业设计 | 978-7-5760-1609-3 | 40.00 | 2021 年 8 月 |
| 语文，让精神更明亮 | 978-7-5760-1510-2 | 42.00 | 2021 年 9 月 |
| “六会”教学法：基于核心素养的课堂教学 | 978-7-5760-1522-5 | 42.00 | 2021 年 9 月 |

## 特色课程建设丛书

| 书名 | ISBN | 定价 | 出版时间 |
|---|---|---|---|
| 教师，生长的课程 | 978-7-5760-0609-4 | 34.00 | 2020 年 12 月 |
| 学校课程发展的实践范式 | 978-7-5760-0717-6 | 46.00 | 2020 年 12 月 |
| 丰富学习经历：如歌式课程的愿景与深度 | 978-7-5760-0785-5 | 42.00 | 2020 年 12 月 |
| 学科课程群设计方法 | 978-7-5760-0579-0 | 44.00 | 2021 年 3 月 |
| 学校美育课程的立体建构：菁华园课程的逻辑与框架 | 978-7-5760-0610-0 | 36.00 | 2021 年 3 月 |
| 关键学习素养与学科课程设计 | 978-7-5760-1208-8 | 34.00 | 2021 年 4 月 |
| 学校课程设计：愿景建构与深度实施 | 978-7-5760-1429-7 | 52.00 | 2021 年 4 月 |
| 生长性课程：看见儿童生长的力量 | 978-7-5760-1430-3 | 52.00 | 2021 年 4 月 |
| “慧阅读”课程：儿童视角 | 978-7-5760-1608-6 | 42.00 | 2021 年 6 月 |
| 诗意栖居的课程愿景：智慧岛课程的逻辑与深度 | 978-7-5760-1431-0 | 44.00 | 2021 年 7 月 |
| 每一个孩子都是最重要的人：V-I-P 课程的内在意蕴与学科视角 | 978-7-5760-1826-4 | 54.00 | 2021 年 8 月 |
| 给每一个孩子带得走的能力：井养式课程的旨趣与探索 | 978-7-5760-1813-4 | 42.00 | 2021 年 10 月 |
| 指向核心素养的课程统整框架：I AM BEST 课程的学科之维 | 978-7-5760-1679-6 | 48.00 | 2021 年 11 月 |